কথা সুরের কাব্য

দ্বিতীয় সংস্করণ

অপর্ণা ঘোষ

Made with ❤ on the Notion Press Platform

www.notionpress.com

কথা সুরের কাব্য

অপর্ণা ঘোষ

দ্বিতীয় সংস্করণ : নভেম্বর ২০২৩

আভ্যন্তরীন অলংকরণ - অপর্ণা ঘোষ এবং শ্রীহান ঘোষ।

Internal Decor - Aparna Ghosh and Shrihan Ghosh.

গ্রাফিক ডিজাইন সম্পাদনা – শিবা পবন

Graphic Design editing - Siva Pavan

প্রচ্ছদ - বিবেক পাণ্ডে

Cover Design - Vivek Panday

সূচিপত্র

লেখক পরিচিতি

জন্ম ১৩৮০ বঙ্গাব্দের ২২ শে বৈশাখ, মুর্শিদাবাদের রুকুনপুর গ্রামে। ছোটবেলা কেটেছে পৈতৃকবাড়ি মুর্শিদাবাদের বেলডাঙ্গাতে। বেলডাঙ্গা হরিমতি উচ্চবালিকা বিদ্যালয় এবং কাশিমবাজার রাজ গোবিন্দসুন্দরী বিদ্যাপীঠে পড়াশোনা করেন। বহরমপুর গার্লস কলেজ থেকে ইতিহাসে স্নাতক হন। রবীন্দ্রভারতী বিশ্ববিদ্যালয় থেকে স্নাতোকোত্তর ডিগ্রী লাভ করেন। ছোটবেলা থেকেই সাংস্কৃতিক দিকের প্রতি আগ্রহ ছিল এবং সেদিকেও বিশেষ কৃতিত্ব অর্জন করেন। সারা বাংলা আবৃত্তি প্রতিযোগিতায় রাজ্যে প্রথম স্থান অধিকার করেন। ছোটোবেলায় গান শিখলেও পরবর্তীতে তা বন্ধ করে দেন। বিবাহের পরে, স্বামী সৌমেনের আগ্রহে গানের প্রতি মনোযোগ বাড়ে। বাবা মায়ের শিক্ষা ছাড়াও, বেলডাঙ্গা হরিমতি উচ্চ বালিকা বিদ্যালয়ের শিক্ষিকা প্রীতিদি, সান্ত্বনাদির শিক্ষা ও আদর্শে নিজেকে গড়ে তুলেছেন। লেখার প্রতি আগ্রহ প্রীতিদি-ই মনের মধ্যে জাগিয়েছেন। সেই সঙ্গে সৌমেনের উৎসাহ, সাহস নিজের মনের কথাকে প্রকাশে বিশেষ সাহায্য করেছে।

ওঁ নমঃ সরস্বত্যৈ নমঃ

এ কাব্যের সকল কথা ,
সুর দিয়ে হলো গাঁথা ।
আর নেই সে কলের গান -
ক্যাসেট-গানও ভুলে যান ।
তাই ডিজিটালকেই সঙ্গী করে ,
কাব্যের সুর রাখি ধরে।
আজ প্রণাম করি মিটিয়ে স্বাদ ,
মাথায় আমার দাও আশীর্বাদ ।

শুরুর কথা

২০২০ সালের ২৪শে মার্চ। ভারতে ঘোষণা হল লক ডাউন। সারা পৃথিবী করোনার মারণ অস্ত্রে তখন আক্রান্ত হয়েছে। মানুষের প্রাণ বাঁচাতে তাই ভারত সরকার এই ঘোষণা জারি করেছে। প্রয়োজন ছাড়া বাইরে বেরোনো নিষেধ। কেবল ঘরে বসে হা হুতাশ করা, আর মৃত্যু মিছিল গোনা। এছাড়া আর কোনো কাজ নেই। সব মানুষের মনেই প্রবল হতাশা আর ভয়, পরিচিত প্রিয় মানুষদের হারিয়ে ফেলার কষ্ট। তাই মনের শান্তি বাড়াতে লিখতে বসলাম। কোন কোন লেখায় সুরও বসালাম। পেলাম এক অন্য খুশির স্বাদ। কত আঘাত, যন্ত্রণা, কান্নায় ভেসে যাওয়া দিনগুলি পেরিয়ে, এ লেখা আমাকে দিয়েছে এক মুক্তির আনন্দ।

নতুন ভাবনা

"কথা সুরের কাব্য" র সাফল্য আমাকে এই গ্রন্থের দ্বিতীয় সংস্করণে উৎসাহিত করেছে। প্রথম গ্রন্থের কবিতার সাথে, আরো বেশ কিছু কবিতা সংযুক্ত করে, তাই দ্বিতীয় সংস্করণ প্রকাশ করলাম। আপনাদের ভালোবাসা, আশীর্বাদ নিশ্চয় আমায় পথ চলতে মনোবল জোগাবে।

স্মরণ

"কথা সুরের কাব্য" র সূচনা করে দিয়ে চলে গেলেন। এ বড় কঠিন কাজ, আপনার সাহায্য ছাড়া পারবো কি করে? আপনার উৎসাহ, কত কঠিন কাজের সহজ সরল সমাধান বের করে দেয়। সেই উৎসাহ আমি প্রতি মূহুর্তে মনে প্রাণে অনুভব করতে চাই। পাশে থাকুন দিদিমণি, আমার কাছে থাকুন।

উৎসর্গ

আমাদের বাবু (বাবা) শ্রী আনন্দ গোপাল ঘোষ এবং মা শ্রীমতী পূর্ণিমা ঘোষ। তাঁরা অনেক আশা নিয়ে , বুক ভরা ভালোবাসা দিয়ে আমাদের বড় করেছেন। "কথা সুরের কাব্য" র দ্বিতীয় সংস্করণ -

আমাদের বাবু , মা'য়ের উদ্দেশ্যে নিবেদিত হল।

১. মানুষের হবে জয়

২০২০ সালের এপ্রিল মাস। লক ডাউন দেশ জুড়ে। সূর্যের আলোও কেমন রোগগ্রস্থ লাগে এখন। চাঁদের জ্যোৎস্নাও কেমন মরামরা হয়ে গেছে। ছোটবেলায় জ্যোৎস্না রাতে উঠোনে শুয়ে চাঁদের আলোয় বই পড়তে পারতাম। এখন মানুষের মুখই স্পষ্ট দেখা যায় না। আমাদের সেই শুকতারারাও কোথায় যেন হারিয়ে গেল। জগতের সব কিছুই ক্রমশঃ অস্পষ্ট, ঝাপসা হয়ে আসছে। তবে মনমরা, রোগগ্রস্ত, ঝাপসা দৃষ্টি নিয়ে তাকালে তো চলবে না, ভীতু হলেও চলবে না। শিরদাঁড়া সোজা করে চতুর্দিককে স্পষ্ট করে দেখতে হবে। আমাদের সেই সূর্য, চন্দ্র, গ্রহ, নক্ষত্র, সেই আলো, সেই আশা, বিশ্বাসকে জাগিয়ে তুলতে হবে। হারিয়ে যাওয়া সেই সুগন্ধ আবার বাতাসে ভরিয়ে তুলতে হবে। একমাত্র মানুষই এ কাজ পারবে, কারণ ঈশ্বর মানুষের সাথে আছেন। তাই তো আজ কেবল মানুষেরই জয়গান গাইতে ইচ্ছে করছে।

মানুষের হবে জয়

তোমরা বল -
সে এক দিন ছিলো ।
কোথা থেকে কি যে এল -
সব হল এলোমেলো ।

সেই চাঁদ আকাশের
আর নেই , আর নেই ।
পূবে ওঠা সেই ঊষা
আর নেই , আর নেই ।
ভোরের সে শুকতারা
আর নেই , আর নেই ।
এখন ?

চারিদিকে ভয়ভয়,
মনে শুধু সংশয় ,
জানি তবু হবে জয়
নিশ্চয় নিশ্চয় ।

ফেলে আসা দিন গুলি
ফিরে আর আসবে কি ?
বুক ভরা সেই শ্বাস
প্রাণ আর পাবে কি ?

সেই স্বাদ গন্ধে
মৌমাছি মাতবে কি ?
পাখির সে কলকলি
বাতাসেতে ভাসবে কি ?

এসো হে সঞ্জয় ,
দূর করো মনোভয় -
মানুষের হবে জয়
নিশ্চয় , নিশ্চয় ।।

২. আগমনী

বাতাসে যে বিষ সারা পৃথিবী জুড়ে ছড়িয়ে পড়েছে , তার সাথে পাল্লা দিতে নেমে এল বিচিত্র রকমের প্রাকৃতিক দুর্যোগ। এদিকে মায়ের আসার সময় হয়ে এলো । কিন্তু মা, সপরিবার নিয়ে আসবেন কি করে ? কোন পথেই বা আসবেন ? একদিকে দাবানলে জ্বলে পুড়ে সব শেষ। অন্যদিকে প্রবল ঝড়-বৃষ্টি। তার ওপর ভূকম্পনে ধসে পড়েছে ঘর বাড়ি। এরই মাঝে কোথা থেকে পঙ্গপাল এসে হাজির। ঝড় - বৃষ্টি দাবানলে ফসল শেষ, পঙ্গপাল এসে জমির পর জমি শূণ্য করে দিয়েছে , খাবার নেই, মাথার উপর ছাদ নেই , তবু মানুষকে যুদ্ধ বাধাতে হবে, হিংসা ছড়াতে হবে। আর প্রতিদিন আমাদের সেনারা বুক চিতিয়ে লড়াই করে প্রাণ দেবে। দেশ রক্ষার দায়িত্ব তারা কাঁধে নিয়েছে বলেই, প্রতিদিন তাদের প্রাণ দিতে হবে ?

তাই এবার মা'কেই ঠিক করে নিতে হবে, তিনি কিভাবে, কোন পথে আসবেন। মায়ের সন্তানদের পেটে অন্নজল নেই, নতুন জামা কাপড় তো দূরের কথা। তবু মুখের হাসিটুকু যেন থাকে। মা আসার আনন্দে কাঁসর, ঘন্টা, ঢাকের বোলে সবাই প্রাণ খুলে নাচতে পারে - মা এসে তাঁর সন্তানদের সেই আশীর্বাদ করুন।

আগমনী

উমা তুই আসবি কবে ?
ছেলেমেয়েদের নিয়ে -
এবার তোরে আনবো কিসে ,
কোন রাস্তা দিয়ে ?

দাবানলে পোড়ে দেশ ,
ঝড়ে জলে সব শেষ ।
কেঁপে ওঠে জল – স্থল ।
কোথায় তোরে রাখব বল ?

পঙ্গপালে দেয় হানা ,
লড়ে চলে দেশ সেনা ।
দেশের জন্য দেয় প্রাণ -
কি আর তোরে করবো দান ?

নতুন জামা নাই জুটুক ,
তবু মুখে হাসি ফুটুক ।
　　পেটে পড়ুক অন্ন - জল ,
　　দে' মা তাদের মনের বল ।

দেরী হলেও আয় মা ঘরে ,
সপরিবার সঙ্গে করে -
　　কাঁসর ঘন্টা ঢাকের বোলে
　　প্রাণ খুলে সব নাচবো তালে ।

৩. নদে এলো বান

২০১৯ সালে, পুজো আসার ঠিক আগে, হায়দ্রাবাদে শুরু হলো ভয়ংকর বৃষ্টি। প্রবল বৃষ্টিতে সব ভেসে গেল। বড় বড় গাছ পড়ে রাস্তা বন্ধ হয়ে গিয়েছে। দোকান, বাজার বন্ধ। বসবে কোথায় ? সব জলে ডোবা। পেপারে ছবি বেরিয়েছে - এক বাড়ির ছাদ থেকে অন্য বাড়ির ছাদে মই লাগিয়ে মানুষ খাদ্য , পানীয় জল সংগ্রহ করছে। ঘরের মধ্যে মাছ খেলা করছে। হুসেন সাগর (পুরোনো হায়দ্রাবাদের জলের উৎস) জলের তোড়ে ভেসে গিয়েছে। শুকনো মুসী, (১৫ - ২০ বছর লোকেরা তাতে জল দেখেনি) সেও জলে টইটম্বুর হয়ে উপচে পড়ছে। লোকেরা দৌড়োচ্ছে মুসীর সেই আশ্চর্য দৃশ্য দেখতে। গরীব মানুষের পেটে খাবার নেই, মাথা গোঁজার ঠাঁই নেই - কোথায় যাবে তারা?

হে পরমেশ্বর, তুমিই তো পারের মাঝি। এই বিপদের দিনে তুমিই নেমে এসো পৃথিবীতে, রক্ষা করো এই অসহায় প্রাণগুলোকে।

নদে এলো বান

টুপ্ টুপ্ টুপ্ টুপ্ , টুপ্ টুপ্ টুপ্ টুপ্
মেঘের বারি পড়ে রে -
মেঘের বারি পড়ে।

ঝর ঝর ঝর ঝর , ঝর ঝর ঝর ঝর
সারাদিন ঝরে রে -
সারাদিন ঝরে।

চুপ চুপ চুপ চুপ , চুপ চুপ চুপ চুপ
মনে ভয় ধরে রে -
মনে ভয় ধরে ।

মুসী নদী ভরে গেছে , হুসেন সাগর ভেসে গেছে
কি যে করা যাবে রে -
কি যে করা যাবে ।

কারো ঘরে একগলা জল, মানুষের নাই চলাচল
কি যে আজ হবে রে -
কি যে আজ হবে ।

দানাপানি নাহি পেটে , ভয়ে সব আছে সেঁটে
কি করে বাঁচে রে -
কি করে বাঁচে ।

ঘরের লোক রাস্তার ধরে, রাস্তা তো জলে ভরে -
কোথা এরা যাবে রে -
কোথা এরা যাবে ।

ওপরওয়ালার কি যে হল, কি খেয়াল মনে এল ?
এদের কিবা হবে রে -
এদের কিবা হবে ।

তুমি আছো দিনে রাতে, মানুষের সাথে সাথে
ভয় কেন পাবো রে -
ভয় কেন পাবো ।

তুমি তো পারের মাঝি, তাড়াতাড়ি এসো আজি
রক্ষা করো প্রাণে রে -
রক্ষা করো প্রাণে ।

৪. অন্‌লাইন

দেশে সেই যে এলো মহাব্যাধি, তা আর সরছেই না। কমছে আবার হটাৎ বাড়ছে। সরকার তাই মানুষকে সুস্থ রাখার জন্য, কিছু নিয়মবিধি চালু করলো। রাস্তায় বেরোলেই মুখে মাস্ক পরতে হবে। ভিড় এড়িয়ে চলতে হবে। কানে কানে কথা বলা যাবে না, হাত ধরেও ঘোরাঘুরি করা যাবে না। মানুষের সাথে মানুষ অন্ততঃ দু'গজ দূরত্ব রেখে চলাফেরা করবে। এসময়ে সবচেয়ে যে বড় পরিবর্তন এলো মানুষের জীবনে, তা হল অনলাইন। লেখাপড়া , ছবি আঁকা , নাচ শেখা , ঘর বাড়ি বিক্রি সবই অন্‌লাইন হয়ে গেল। যত প্রয়োজনীয় কাজ সবই মানুষ অন্‌লাইনে সারবে। তাই জীবনের আরেক নাম-ই হয়ে উঠলো অন্‌লাইন।

অন্‌লাইন

বেরোলেই মুখে মাস্ক ,
স্যানিটাইজ ব্যাগে রাখ ,
আর সব যাই যাক -
প্রাণটা বাঁচিয়ে রাখ ।

হাত ধরাধরি করে -
আর পথ চলা নয় ,
কানে কানে ফিসফাস ,
আর কোনো কথা নয় ।

ইয়ে তো সবকো ইয়াদ রাখ্‌না হ্যায় -
দো' গজ দূরী-
সব্‌কো জরুরী
দো' গজ দূরী।

প্রাণটা বাঁচাতে তাই -
ঘরে থাকো সব্বাই ,
সবাই কে নিয়ে ভাই
জীবনকে বহা চাই ।

কি যে করি; কি যে করি -
ভেবে মরি, ভেবে মরি ।

আর কোন ভাবা নয় ,
কোনো মাথা ব্যাথা নয় ,
চলে এসো সব্বাই -
অন্‌লাইন ধরা চাই ।

অন্‌লাইন, অন্‌লাইন ,
চলে এসো অন্‌লাইন ,
নো, নো অফলাইন
অনলি অন্‌লাইন ।

লেখাপড়া, অফিস করা অন্‌লাইন, অন্‌লাইন ,
নাচ শেখা, গান শেখা অন্‌লাইন, অন্‌লাইন ,
ড্রয়িং ক্লাস, হোম টাস্ক অন্‌লাইন, অন্‌লাইন ,
অ্যাক্টিং, ফিল্ম মেকিং, ফটোশুট আর কুকিং ?
সবই হবে – অন্‌লাইন ।
অন্‌লাইন, অন্‌লাইন ,
চলে এসো অন্‌লাইন ।

বাড়ি চাই, গাড়ি চাই
চুড়ি চাই, শাড়ী চাই
ফ্যাসান ডিজাইনার হতে চাই ,
আরে বাবা -
ইয়ে পুরি বিজনেস প্ল্যান ডিপেনড অন
অন্‌লাইন - দ্যা অনলি ওয়ে ।
অন্‌লাইন, অন্‌লাইন ,
চলে এসো অন্‌লাইন ।

জীবনের আরেক নাম
অন্‌লাইন ,
ওভারকাম এন্ড সাইন ।

ইস্ লিয়ে ,
নো টেনশন, অলওয়েজ মেনশন
দো 'গজ দূরী ।
সব্‌কো জরুরী
দো 'গজ দূরী ।

৫. স্বপ্ন-সৌধ

ছোটবেলা থেকেই আমার বাড়ির খুব শখ। আমি স্বপ্ন দেখি, একদিন আমার নিজের বাড়ি হবে। সে বাড়ি সবুজ গাছ পালায় সাজানো থাকবে। রং বেরঙের ফুল চারিদিকে শোভা পাবে। সকালে পাখির ডাকে ঘুম ভাঙবে আমার। ঘুম থেকে উঠে, জোড়া শালিককে প্রণাম করে আমার দিনের শুভ-সূচনা হবে। কাজের শেষে সন্ধ্যাবেলায় যখন বাড়ি ঢুকবো, জুঁই, বকুলের গন্ধে পুরো বাড়ি ভরে থাকবে। কোন বিদেশী সুগন্ধী নয়, আমার বাগানের ফুলের সৌরভেই মাতোয়ারা হয়ে উঠবে চারিদিক। আমার মনের কল্পনা, আর স্বপ্ন দিয়ে গড়া বাড়ি, আমার চোখের সামনে ভেসে বেড়ায়। কোন দিন সত্যই কি তা বাস্তব রূপ পাবে?

স্বপ্ন-সৌধ

গাছে গাছে ফুলে -ফলে
লাল হলুদের ঝালোর ঝোলে -
সে এক আমার বাড়ি -
আমার স্বপ্নে গড়া বাড়ি ।

সকাল বেলা ডালের ফাঁকে
রংবেরঙের পাখির ঝাঁকে,
ঘুম ভাঙে মোর তাদের ডাকে ,
প্রণাম ঠুকি জোড়া শালিকে ।
সে এক আমার বাড়ি -
আমার স্বপ্নে গড়া বাড়ি ।

দিনের শেষে কাজের পরে ,
ঢুকি যখন নিজের ঘরে -
জুঁই বকুলে বাতাস ভরে ,
মনের ভিতর আকুল করে ।

সে এক আমার বাড়ি -
আমার স্বপ্নে গড়া বাড়ি ।

ভোর তো আসে রাতের শেষে ,
স্বপ্ন আমার চক্ষে ভাসে ,
সবুজ পাতায়, ভরা ঘাসে ,
বাড়ি আমার দেখছি হাসে ।
সে এক আমার বাড়ি -
আমার স্বপ্নে গড়া বাড়ি ।

৬. স্বর্গ-মর্ত্য

এ এক কাল্পনিক গল্প। আমি বাতাসে ভর করে কোথায় যেন ভেসে চলেছি। আস্তে আস্তে সূর্য , চাঁদ , তারাদের ছাড়িয়ে আমি স্বর্গপুরীতে এসে পৌঁছলাম। সেখানে এসে আমার অনেকদিন আগে হারিয়ে যাওয়া বাবুকে (বাবা) দেখতে পেলাম। বাবুর পাশে আমার বোন খুকুও বসে আছে। আমার প্রিয় মানুষজন, যারা আমাকে ফেলে ওপরে চলে এসেছেন, আমার সান্ত্বনাদি, আমার ঠাকুমা (পাতুবালা), আমার দাদু (মুরারী মোহন), আমার শ্বশুরমশাই (ঋষিকুমার), আমার ছোটবেলার গঙ্গাজল (ঝুমা) সবাই এখানে আছেন। এতো পরমপিতার শান্তিধাম। এখানে সর্বত্রই শান্তি বিরাজ করে। তাই এখানে সবাই ভালো আছেন, আনন্দেই আছেন। এ খবরটাতো আমাকে বাড়িতে জানাতে হবে, কিন্তু এখানেই বাধা। একবার স্বর্গধামে গেলে আর নীচে নামা যাবে না। পরমপিতার কাছে তাই নিয়ম বদল করার আর্জি জানালাম। তিনিই তো সৃষ্টিকর্তা। একমাত্র তিনিই পারবেন স্বর্গ-মর্ত্যের এই পার্থক্য দূর করতে। পৃথিবী থেকে সব দুঃখ, পাপ-তাপ মুছে দিয়ে পৃথিবীকে আনন্দে ভরিয়ে তুলতে।

স্বর্গ-মর্ত্য

আরে, আমি যাচ্ছি কোথা !

বাতাসেতে ভেসে ভেসে -
তারাদের গায়ে ঘেসে -
সূর্য্যিমামা চাঁদকে রেখে ,
রামধনু রং গায়ে মেখে ।

এ আমি এলাম কোথা ?
কেউ বুঝি নাইকো হেথা ?
এ কি ! এ যে স্বর্গপুরী !
আহা ! আনন্দে মরিমরি ।

ঐ তো আমার বাবু বসে -
খুকুও আছে পাশে ,
সান্ত্বনাদি আপনিও তো ,
কারে আজ বলবো এতো ।

দু'চোখ ভরে দেখি আগে ,
কত কথা মনে জাগে -
বুকের ভিতর কেবল ধূ ধূ
প্রীতিদিকে জানাই শুধু ।

মা'কে সব বলবো খুলে -
এরা সব কারা এলে ?

আরে, এতো আমার পাতুবালা ,
সুন্দরী আজও তুমি ,
মুরারীকে দেখিনি তো -
কি করে খুঁজবো আমি ?

দাঁড়িয়ে কে ঐ কোনে ?
গঙ্গাজল, আয়, আয়, বোস এখানে ।

সবাই তোমরা তাকাও এবার -
দেখো, ইনি ঋষিকুমার,
ইনি হলেন সুরের মানুষ ,
আলাপটা সারো এবার ।

পিতার এই শান্তিধামে -
আনন্দ যে সকলখানে ,
বাড়ি ফিরে এ সত্যটাই ,
বলবো আমি জনে জনে ।

বাড়ি যেতে পারমিশন ?
চাইতে হবে কার কাছেতে ?
ডেমোক্রেসির এই যুগেতেও
বাধা দেখি সবখানেতে ।

স্বর্গধাম, মর্ত্যধামের
এত কেন ফারাক পিতা ?
যখন খুশী যেথায় খুশী -
যাবার নেই স্বাধীনতা ?

পরমপিতা এবার তুমি ,
নিয়মটারে বদল করো।
ভাঙা গড়ার তুমিই রাজা ,
নতুন করে নিয়ম গড়ো ।

পাপ তাপ আর দুঃখ যত ,
দাওতো ফেলে এক কোনেতে -
কেবল শান্তি, কেবল পূণ্য ,
বিরাজ করুক সবখানেতে ।

তোমার-ই তো সৃষ্টি আমি ,
অমরত্ব চাই না পেতে ,
তোমার আশীর্বাদে সবাই
আনন্দেতে থাকুক মেতে ।

৭. একলা চলো রে

আমার বোনের চলে যাওয়া এ লেখার উৎস। সে অত্যন্ত লাজুক, মিষ্টি স্বভাবের মেয়ে ছিল। তার জীবনের সবটুকু জুড়ে ছিল তার সংসার। বিপদে সে ছিল সবার ভরসা। কিন্তু তার বিপদে সে তো, ভরসা করার মতো কোনো মানুষকেই খুঁজে পেলো না। যে পরিবারের জন্য সে এত কষ্ট করলো, সেই পরিবারের কাছ থেকেই বা সে কি পেল? তবে এ কেবল আমার বোনের জীবনে একা নয়, আরো অনেকের জীবনেই এমন ঘটনা ঘটে থাকে। ভবিষ্যৎ প্রজন্মকে তাই ছোট থেকেই প্রতিকূলতার সাথে লড়াই করার ক্ষমতা সম্পন্ন করে, গড়ে তুলতে হবে। তাহলে ভবিষ্যতে সে কোন কষ্ট পাবে না। একলা চলার নীতিকেই জীবনের মূল মন্ত্র করার শিক্ষা দিতে হবে।

একলা চলো রে

এ জগতে সবাই একা ,

এ জগতে সবাই একা -

জোড়া কেন খুঁজিস রে ?

জগৎ ছেড়ে যাবি যখন

সেই তো একা যাবি রে ।।

তখন তোর জোড়া কোথা ?

তখন তোর জোড়া কোথা ?

দেখবে না তোর পানে রে -

জগৎ ছেড়ে যাবি যখন

সেই তো একা যাবি রে ।।

তবে কেন দোকা খোঁজা ?

তবে কেন দোকা খোঁজা ?

একলা চলা শেখো রে -

জগতে কেউ কারো নয় ,

সবাই নিজের, নিজের রে ।।

কাঁটা খোঁচা পথের উপর

চলতে হবে সবারেই ,

বিপদ আপদ আসবে কত

লড়তে হবে নিজেরেই ।।

তাই , পায়ের জমি শক্ত করো ,

শক্ত করো , শক্ত করো ।

পায়ের জমি শক্ত করা ,

পায়ের জমি শক্ত করা

শিখতে হবে ছোটাতে ,

বড় হলে কেউ না যেন

পারে তোমায় টলাতে ।।

তাইতো বলি –

ক্ষণিক সুখে মগন হয়ে –

ক্ষণিক সুখে মগন হয়ে

জীবন বৃথা করিস না ,

একলা চলার নীতিটারে

জীবনে তুই ভুলিস না ।।

৮. গান এলো মোর মনে

আজকাল আমার মনের মধ্যে সর্বদাই কিছু কথা, কিছু সুর ঘুরপাক খায়। সেগুলি নিয়ে একটু বসলে বেশ গান হয়ে বেরিয়ে আসে। ভালোই লাগে। আমার দিদিমণিও খুব আনন্দ পান। আমার মা'ও খুশী হন। তবে মায়ের খুশীর বহিঃপ্রকাশ একটু অন্য ধরনের, খুব কাছের মানুষ ছাড়া, তা কেউ টের পাবে না।

গান এলো মোর মনে

কেন আজি

গান এলো মোর মনে ,

দে তোরা দে বলে দে -

কেন আজি

গান এলো মোর মনে ।

মনের-ই ইচ্ছে গুলো

এতদিন জমে ছিল ,

পেয়ে তারা ইচ্ছে ডানা

আকাশে উড়ে গেল ।

তাই সুর এলো মোর মনে -

ওরে গান এলো মোর মনে ।।

জীবনের সাদা পাতা,
হয়ে গেল তাতে লেখা -
যেটুকু আছে ফাঁকা
তাও যাবে না রাখা ।

তাই সুর এলো মোর মনে –
ওরে গান এলো মোর মনে ।।

জীবনের দুঃখ যত ,
রাশি রাশি বাধা কত -
সব কিছু ঠেলে ঠুলে
সুর হয়ে বেরিয়ে এলে ।

তাই সুর এলো মোর মনে -

ওরে গান এলো মোর মনে ।।

চলতে চলতে -

বলতে বলতে ,

শিখতে শিখতে ,

জানতে জানতে -

সব সুর হয়ে আজ এলো -

সব গান হয়ে আজ এলো ।।

৯. ঐক্যতান

করোনা এসে মানুষের জীবনটাকে ছোট করে দিয়েছে। কে যে কখন জীবনের পাঠ গুটিয়ে ওপরে উঠে পড়বে, বোঝা খুব মুশকিল। তাই আমার ইচ্ছে, সেই উপরওয়ালা, যিনি তাঁর ইচ্ছে মতো সবাইকে উপরে তুলে নিচ্ছেন, তাঁর সামনে সবাই মিলে ধর্ণায় বসা। দীনের দয়াল হয়েও, কেন তাঁর পৃথিবীতে এত দুঃখ, হানাহানি আর মৃত্যুমিছিল, তার উত্তর তিনিই দিতে পারবেন। তিনি কি তাঁর শান্তিবারি ছড়িয়ে পৃথিবীকে শান্ত করতে পারেন না? এ প্রশ্নের উত্তরও তাঁর কাছেই পাওয়া যাবে।

ঐক্যতান

এক দুই তিন চার
পাঁচ ছয় সাত -
বুঝিবা ফুরিয়ে এল
জীবনের পাঠ ।।

পেলাম কি যে আমি
কি যে পেলাম না ,
হিসাব আমি তার
মেলাতে পারি না ।।

এসো এসো এসো সবাই -
একসাথে আজ গলা মেলাই ।
হাতে হাত রেখে সবাই -
একসাথে আজ গলা মেলাই ।।

ধারার আজি কি যে হলো ?
মনে একি খেয়াল এলো ?
সবাই মিলে তারে ধরো -
বলো বলো তারে বলো ।।

প্রভু তুমি দীনের দয়াল
এসো তোমার এ সংসারে ,
দূর করে দাও হানাহানি
প্রভু তোমার এ সংসারে ।।

তোমার ওই শান্তিবারি -
চারিধারে দাও ছড়িয়ে ,
তোমার এই ভুবনটারে -
বুকে তুমি নাও জড়িয়ে ।।

১০. খোলামনে

এখানকার ছেলেমেয়েদের আমি কিছু বলতে চাই। মন খুলে চোখের দৃষ্টি সোজা রেখে ঘুড়ে বেড়াও। দু'চোখ ভরে স্বপ্ন দ্যাখো। তবে সেই স্বপ্ন সফল করতে লেখা পড়াই একমাত্র দাওয়াই। জীবনের স্থায়িত্ব অল্পদিনের। তাই এই অল্প সময়ের মধ্যেই নিজের লক্ষ্যে পৌঁছে, জীবনকে সফলতা দিতে হবে। জীবনে দুঃখ, ওঠা-পরা থাকবেই। তাকে পাত্তা না দিয়ে, নিজের বুদ্ধিতে শান দিয়ে, জীবনকে মজবুত ভিতের উপর দাঁড় করাবে। এরপর আর কোন চিন্তা নেই। মাথা উঁচু করে, নিজেই নিজেকে জড়িয়ে ধরে প্রাণ খুলে হাসবে।

খোলামনে

মন তোর খোলা রাখ,
চোখ দুটো সোজা রাখ ,
বুক চিতিয়ে বলে দে -
ভালোবাসি ভালোবাসি ।

একসাথে লড়ে যাবো ,
জীবনটা গড়ে নেবো ,
হাতে হাত রেখে বলে দে -
ভালোবাসি ভালোবাসি ।

তবে জীবনের শুরুতে -
দরকারী কিছু কথা ,
হবে মনে রাখতে।

নাইবা তোমার পয়সা থাকুক,
গাড়ি, ঘোড়া, মস্ত বাড়ি ,
লেখাপড়ার অ আ ক খ
সত্যিই খুব জরুরী ।

ডাক্তার, ইঞ্জিনীয়ার ,
সরকারী কর্মচারী ,
যে দিকেই যাওনা তুমি
হতেই হবে ডিগ্রীধারী ।

তারপর -
তোমার লক্ষ্য তুমি খুঁজে নাও ।
সেইভাবে লড়ে যাও -
দাঁড়াতে তোমায় হবেই ।

জীবন যে একটাই ,
সময় তো বেশী নাই -
জিততে হবে লড়েই ।

নিজেকে গুছিয়ে নিয়ে ,
এবার তুমি বলতে পারো ।
না এলে, মুখ ঘুরিয়ে
বিদায়টা আগে সারো ।

শান দিয়ে বুদ্ধিতে ,
এক করে দিন রাতে ,
তবে আমি নিজ পায়ে দাঁড়িয়েছি ।

কে বা এলো, কে বা গেলো
মন থেকে ঝেড়ে ফলো ,
বহু লড়ে আজ, জীবনকে চিনেছি ।

জেনে গেছি সার কথা -
আর নেই মাথা ব্যথা ,
আজ আমি আনন্দে ভাসি -
বলি জীবন, তোমায় ভালোবাসি ।

মাথাটারে উঁচু করে
নিজেকে জড়িয়ে ধরে ,
আজ আমি প্রাণ খুলে হাসি -
বলি জীবন, তোমায় ভালোবাসি ।

১১. ক্রমাগত

একদিন ব্যাঙ্ক থেকে স্কুলের কাজ সেরে বেরিয়ে দেখি, সূর্য ডুবছে। এখন তো শীতকাল, তাড়াতাড়ি ডুববে। হটাৎ মনে হল - আরে, রাত্রিটুকু পেরিয়ে সকালেই তো আবার স্কুলে আসতে হবে। কি আশ্চর্য! এই ডোবা -ওঠার খেলা। একটা দিন কাটতে ২৪ ঘন্টা সময় লাগে। শুধু একবার সূর্য ওঠে, আর একবার ডোবে। গুটি গুটি পায়ে অথচ কত দ্রুত সময় পেরিয়ে যায়, ভাবলে অবাক লাগে। এই পৃথিবীতে যেদিন প্রথম মানুষের জন্ম হলো, তারা সংখ্যায় কত জন ছিলো জানি না। সে দিনও সূর্য উঠেছিল, আবার ডুবেছিল। সূর্যের এই ডোবা ওঠার কাল তরণী বেয়েই একে একে এসেছেন রামরাজা, সম্রাট অশোক, চন্দ্রগুপ্ত, আকবর, অত্যাচারী সাহেবরা। সে সব অত্যাচারের দিন শেষ হলেও মানুষের জীবনে শান্তি নেই। সেই মারামারি, খুনোখুনি, মীরজাফরের বেইমানী আজও শেষ হল না। রামকৃষ্ণের উপদেশ, সদ্ গুরুর বাণী, কোন কিছুই কলিযুগের পরিবর্তন ঘটাতে পারলো না। যুগের এই অধঃপতনে সূর্যদেব তুমি ক্ষিপ্ত হয়ে ডুবে যেয়ো না। তোমার হাত ধরেই তো যুগ সব বাধা বিঘ্ন পেরিয়ে এগিয়ে চলে। তাই তোমাকে উঠতেই হবে। হে সূর্যদেব, তুমি প্রতিজ্ঞা করো - তোমার একবার ওঠা আর একবার ডোবার কাজ কোনোদিনও থামাবে না, অনন্তকাল ধরে প্রবাহিত হবে।

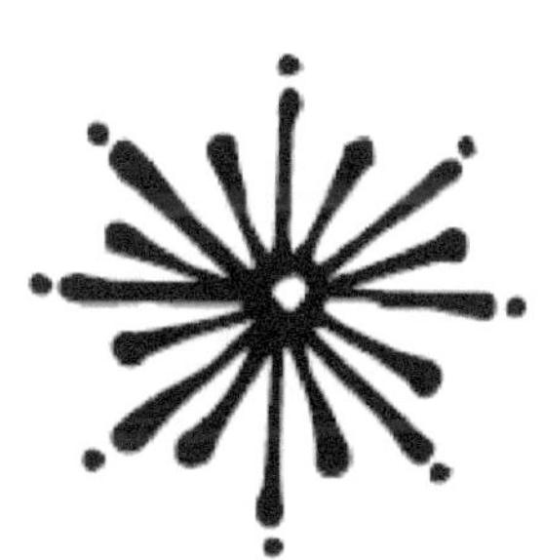

ক্রমাগত

একবার সূর্য ওঠা ,
আর একবার ডুবে যাওয়া
এই করে চলে যাবে -
যুগের তরণী বাওয়া ।

সূর্য পৃথিবী থেকে -
প্রথম কে দেখেছিল ?
সঠিক কে বলে দেবে
সংখ্যাটা কতছিল ?

তারপর কতদিন ,
কত রাত পেরিয়ে -
রামরাজা এলো দেশে ,
আদিকাল ফুরিয়ে ।

এলেন মৌর্য্য অশোক ,

চন্দ্রগুপ্তেরা ,

আরো যুগ পেরিয়ে -

এলেন আকবরেরা ।

তারপর সাহেবী রাজ ,

মানুষের প্রাণপাত ,

তারও দিন শেষ হল ,

কাটলো আঁধার রাত ।

এখন মুক্ত মানুষ -

মুক্তির শ্বাস নাও ,

মুঠো মুঠো হাসি খুশী ,

যত চাও ভরে নাও ।

তবে আজ শান্তি কোথায় ?
জমাট দুঃখ শত ,
আদিমের সেই ধারাটি -
কলিতেও অব্যাহত ।

ছুটছে জোর কদমে ,
টেক্কা দিয়ে চলতে হবে ,
গেল যে উল্টে পরে ,
সাঙ্গ হলো লীলা ভবে ।

হিংসা , রেষারেষি ,
হানাহানি , খুনোখুনি ,
আজও কেন শেষ হল না -
মীরজাফরের সে বেইমানি ।

রামকৃষ্ণ নাই বা মানি ,

বুঝি না তো সদ্ গুরু -

পারবে না কেউ আনতে চেতন

অন্ধকার যে জমাট পুরু ।

এখনো কি হয়নি সময় ?

ধরবে কবে ধারার এ হাল ?

কালের পর্দা সরিয়ে দিয়ে -

এনে দাও নতুন সকাল ।

সৃষ্টির সেই রক্তিম সূর্য ,

উঠুক আবার নতুন করে -

লোভ , হিংসা , কালিমা যত ,

ধুয়ে মুছে সব যাক সরে ।

সূর্যেরই হাত ধরে
যুগ তুমি হও পার -
ডুবলে উঠতে হবে
করো এ অঙ্গীকার ।

১২. ঠিক ঠিকানা

হায়দ্রাবাদে ছিলাম। কোথাও গিয়েছিলাম, বাড়ি ফেরার জন্য ট্যাক্সিতে উঠছি। ড্রাইভার জিজ্ঞাসা করল - পিলার নাম্বার? আমি তো অবাক! কিসের নম্বর জানতে চাইছে? পিলারের? কোন পিলার? কোথাকার পিলার? সৌমেন ড্রাইভারকে জানিয়ে দিলো - ১৩১ পিলার নম্বর। বাড়ি ফিরে জানলাম - ওটাই আমাদের বাড়ির ল্যান্ডমার্ক। হায়দ্রাবাদ শহর ঘিরে আছে রিং রোড, আর মস্ত মস্ত নাম্বারিং করা পিলার। এখানকার স্থলযান, পিলারযান হয়েই চলতে ভালোবাসে। কারণ এতে যানজট নেই। কোন রকম ঝক্কিঝামেলা ছাড়াই, নিজের ঠিকানায় দ্রুত পৌঁছাতে পারবেন। তাই বাড়ির ঠিকানার সাথে জুড়ে দেওয়া হয়েছে পিলার নাম্বার।

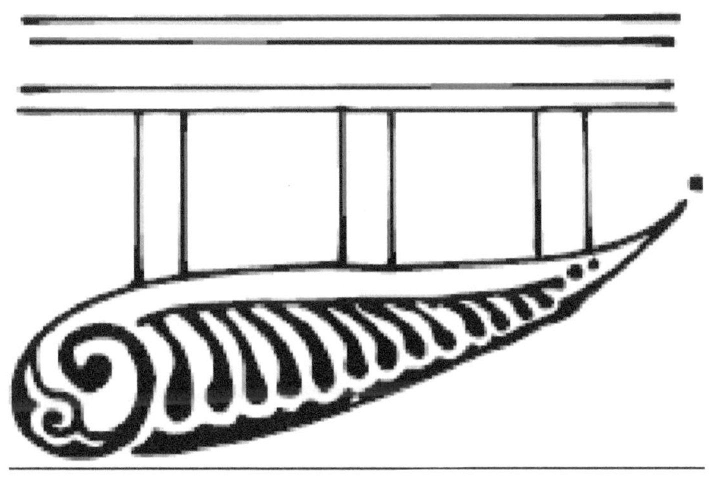

ঠিক ঠিকানা

দুনিয়াটা বদলে গেল -
ঠিকানায় পিলার এলো,
পিলার নামেই রাস্তা বলো ,
তাইতো তুমি পিলার খোঁজো -
পিলার ধরেই রাস্তা বোঝো ।

এই পিলার পিলার পিলার পিলার ,
পিলার খোঁজো ভাই -
পিলার ছাড়া উপায় তো আর নাই ।
কি করি হায় -
পিলার ধরেই উড়ে চলো তাই ।

জলযান, স্থলযান ,
আকাশেতে আকাশযান ,
পিলারেও পিলারযান ।
এবার তুমি চয়েস খোঁজো ,
পিলার ধরেই রাস্তা বোঝো ।

এই পিলার পিলার পিলার পিলার ,

পিলার খোঁজো ভাই -

পিলার ছাড়া উপায় তো আর নাই ।

কি করি হায় -

পিলার ধরেই উড়ে চলো তাই ।

রাস্তায় নেই কো বাধা ,

ঘুরবে না কো গোলক ধাঁধা ,

রাস্তা তোমার সিধে-সাদা ,

তাইতো তুমি পিলার খোঁজো -

পিলার ধরেই রাস্তা বোঝো ।

এই পিলার পিলার পিলার পিলার,

পিলার খোঁজো ভাই -

পিলার ছাড়া উপায় তো আর নাই ।

কি করি হায় -

পিলার ধরেই উড়ে চলো তাই ।

এ শহর মস্ত বড় -
অলিগলি সাত সতেরো ,
ঠিকানাটা হাতড়ে মরো ।
তাইতো তুমি পিলার খোঁজো -
পিলার ধরেই রাস্তা বোঝো ।

এই পিলার পিলার পিলার পিলার ,
পিলার খোঁজো ভাই -
পিলার ছাড়া উপায় তো আর নাই ।
কি করি হায় -
পিলার ধরেই উড়ে চলো তাই ।

১৩. হরি হরিবোল

করোনা ভাইরাস চারিদিকে অস্থিরতার বীজ ছড়িয়ে দিয়েছে। সর্বত্রই গন্ডগোল, হৈ হৈ আর হট্টগোল। এখন রাজা, বাদশা, সাহেবীরাজ আর নেই। আমরাই সবকিছু। তাহলে এত গোলযোগ কিসের? কিছুতেই শান্তি নেই। এর কোন নির্ভেজাল সঠিক উত্তর পাওয়া যাবে না। তাহলে আর উপায় কি? হাত তুলে হরিবোল বলে তাঁর স্মরণাপন্ন হও। একমাত্র তিনিই এই সমস্যার সমাধানের পথ দেখাতে পারেন।

হরি হরিবোল

চারিদিকে ডামাডোল
লেগেছে গন্ডগোল ,
হৈ হৈ হট্টগোল
কাঁধে তুলে নাও খোল ,

বলো -
হরিবোল হরিবোল, হরিবোল হরিবোল ।

কি যে ছিল , কি বা হবে -
কি করে বা দিন যাবে ,
কে যে গেলো, কে বা যাবে ?
ভেবে আজ মরো সবে ।

বলো -
হরিবোল হরিবোল, হরিবোল হরিবোল ।

রাজ রাজা সরে গেছে -
বাদশাহ মুছে গেছে ,
সাহেবরা চলে গেছে ,
দিন আরো পড়ে আছে -

বলো -
হরিবোল হরিবোল, হরিবোল হরিবোল ।

আজ আমরাই রাজা সাজি ,
বাদশাহী চালে মজি -
সাহেব বিবি হতে রাজী ,
ধরতে পারি সব বাজি ।

বলো -
হরিবোল হরিবোল, হরিবোল হরিবোল ।

সবকিছু আমরাই,

আশে পাশে কেহ নাই ।

যা বলি শোনো তাই ,

কোন ভয় নেই ভাই ।

বলো -

হরিবোল হরিবোল, হরিবোল হরিবোল ।

ভাঙাগড়া তাঁর হাতে ,

আমরাও তাঁরই সাথে ।

বয়ছি যে একখাতে -

আছে যে শান্তি তাতে ।

বলো -

হরিবোল হরিবোল, হরিবোল হরিবোল ।

১৪. অফুরান

পৃথিবীর রূপ, রং বদলানোর সাথে সাথে, আজকাল মানুষের রূপ, রং বদলানো, আমার চোখে বেশী করে ধরা পড়ে। পৃথিবী তার রূপ, রং বদলে উজ্জ্বল হয়ে মহাশূণ্যে ভেসে থাকে। মানুষও তাই। উজ্জ্বল হয়ে বহুরূপে এ পৃথিবীতে বিরাজ করে। এক সময় সব ছেড়ে হাওয়া হয়ে মহাশূণ্যে পাড়ি দেয়। তাতে দুঃখ বা ভয় পাওয়ার কিছু নেই। পৃথিবীর রং রূপের টানে আবারও সে নতুন রূপে পৃথিবীতে ফিরে আসবে।

অফুরান

দিন যায়, মাস যায়, সাল যায়, কাল যায় -
দুনিয়াটা তাড়াতাড়ি কিভাবে যে বদলায় ?
চাঁদ তারা তোমরাকি
ধীরে ধীরে বদলাও ?
মানুষের বদলানো
তোমরাকি টের পাও ?

টিকটিকি, গিরগিটি, চেয়ে থাকে মিটিমিটি
লেজ খুলে, রং মেলে সেজে ওঠে পরিপাটি ।
মেঘ তুমি দিনে রাতে
কত রূপে দেখা দাও ,
বহুরূপী মানুষের
রং তুমি চিনে নাও ।

ঝড় ওঠে, ঢেউ ওঠে, কম্পনে মাটি ফাটে ,
তবু ও তো ফুল ফোটে, চারা ওঠে মাটি কেটে ।
জীবনের গতি সে তো -
এইভাবে চলবে ,
কোন বাধা বিঘ্নতে
জেনো সে না থামবে ।

সূর্য, চাঁদ, আর গ্রহ, নক্ষত্র
মহাকাশে ভেসে থাকে ভাবলেই ত্রস্ত ।
সব কিছু হাওয়া হয়ে
মিশে যায় শূণ্যেতে,
ভয় নেই আবার ও সে
আসবে এ পৃথ্বীতে ।

১৫. জেগে ওঠো

একবার রাত্রে উপর দিয়ে ভেসে যাচ্ছি - দেখলাম শহরটা কি সুন্দর , শান্ত হয়ে ঘুমিয়ে আছে। চারিদিকের আলোয় তারার মতো ঝলমল করছে। ওপর থেকে দৃশ্যমান এই শান্ত শহরের বুকে জমে আছে হাজারো দুঃখ, কষ্ট, ব্যাথা আর যন্ত্রণা। সে সব বুকে নিয়েই সে ঘুমিয়ে আছে। সকাল হলেই শুরু হবে তার প্রাণ বাঁচানোর সংগ্রাম। কাজ করে প্রাপ্য বুঝে নেবার দর কষাকষি। না পাওয়ার লড়াই।

তবে, এবার আমাদের জাগতে হবে। সব আঁধার সরিয়ে নতুন আলোয় চারিদিক ভরিয়ে তুলতে হবে। জমে থাকা দুঃখ যন্ত্রণাকে পুড়িয়ে ছাই করে, নতুন আশা আর উদ্যমের মশাল জ্বালাতে হবে। তার আলোতে এ শহর নিশ্চয় আবার জেগে উঠবে।

জেগে ওঠো

এ শহর ঘুমিয়ে আছে ,
এ শহর ঘুমিয়ে আছে ।

বুকে আছে কান্না কত
ব্যাথা শত ,
বন্ধ হাওয়া হাসি যত ।

ভারে ভারে দুঃখ আছে
কষ্ট আছে ,
না বলা সব কথা আছে ।

এসব নিয়ে ঘুমিয়ে আছে ।
এসব নিয়ে ঘুমিয়ে আছে ,
লুকিয়ে নিয়ে বুকের কাছে
ঘুমিয়ে আছে।
এ শহর ঘুমিয়ে আছে ।

সকাল হলেই যাবে কাজে

নানান সাজে ,

মনের ভিতর ধামসা বাজে ।

এত কাজের পরেও কাজী

হলো পাঁজী ,

খোরাক দিতে না হয় রাজী ।

করার আর কী - ই বা আছে ?

করার আর কী - ই বা আছে ?

মন যে নানান প্রশ্ন যাচে ,

ঘুমিয়ে আছে ।

এ শহর ঘুমিয়ে আছে ।

জাগো , দ্যাখো কাটল আঁধার

নানান বাঁধার ,

উঠল জ্বলে রোদের বাহার ।

তার আলোকেই যাবে পুড়ে
ছারেখারে ,
দেখব সে সব নয়ন জুড়ে ।

এ কাজেতে সবাই ছোটো -
এ কাজেতে সবাই ছোটো ,
কোরো না আর মাথা হেঁটো ,
জেগে ওঠো ।
এ শহর জেগে ওঠো ।

১৬. ইচ্ছেপূরণ

আধুনিককালে রেলগাড়ির অনেক পরিবর্তন হয়েছে। এখন সে আর কু-ঝিকঝিক শব্দ করে আকাশে কালো ধোঁয়া ছড়িয়ে ছোটে না। এখন বেল বাজলেই ইলেকট্রিক তার ধরে হুস করে দৌড়ায়। রেলগাড়ি এখন সবচেয়ে মজার, আনন্দ পাবার, আর ইচ্ছাপূরণের যানবাহন। এখানে সংসারের, সাজগোজের, খাবারের, আনন্দ-উপভোগের সবরকম উপকরণ পাওয়া যাবে। রেলগাড়ি বহু মানুষের রোজগারের একমাত্র ঠিকানা। রেলগাড়ির চাকা কোনোদিন যদি থেমে যায়, তা হলে কত সংসার অচল হয়ে যাবে তার ঠিক নেই। আমাদের পাড়ি জমানো যেমন বন্ধ হবে, তেমনি অসংখ্য মানুষের মুখের গ্রাস বন্ধ হয়ে যাবে। তাই প্রাণের তাগিদেই রেলকে সচল রাখতে হবে।

অপর্ণা ঘোষ

ইচ্ছেপূরণ

রেলগাড়ি দেয় পাড়ি -
কু কু ঝিক ঝিক ,
তবে তুমি পাবে নাকো
সে কালের, সে ম্যাজিক ।

বেল বেজে উঠলেই
হুস করে ছোটে -
পিছে আর দেখবে না
পড়ছে কে লুটে ।

রেলের এই কামরায়
মেলা বসে, গান গায় ,
এখানেই কাজ সেরে -
দিন শেষে বাড়ি যায় ।

সব সাধ মেটাতে -
রেলে এসো তাই ,
পড়বে না কেউ ফাঁকী
বলছি যে ভাই ।

যতকিছু সাজগোজ ,
মেকাপেরও আছে ডোজ -
শাড়ি, চুড়ি যাই হোক ,
সবের-ই যে পাবে খোঁজ ।

দ্যাখো, কত ফুল পাতা ,
ওঠে নিয়ে ব্যাগ ছাতা ,
খেলনা ও মোজা হাতা
এত সব পাবে কোথা ?

চা গরম, চাই ডিম ,

মুড়ি, পুরি, ওমলেট ,

সমোসাও ওঠে আর -

আম, লিচু, চকলেট ।

কোনোদিন দ্যাখো যদি -

গেছে থেমে রেলগাড়ি ,

এতগুলো সংসার -

সব যাবে গড়াগড়ি ।

রেল তুমি থামবে না ,

যত কিছু ঘটে যাক ,

কারো কথা শুনবে না -

সিটি মেরে দেবে ডাক ।

কু কু ঝিক ঝিক ,

আর নেই সে ম্যাজিক ,

এখন সে রোজগারের -

মস্ত বড় লজিক ।

১৭. বর্ষাকাব্য

কোন কথাবার্তা নেই, হটাৎ মাঝরাতে ঝমঝমিয়ে আগমন। বৃষ্টি, তোমার ওপর আর ভরসা করতে পারি না। যখন তোমার দেখা পেতে চাই, তখন তোমার পাত্তা পাওয়া যায় না। আর এখন অসময়ে এসে হাজির। এসেছো ভালোই, তবে সকালে কি আর রাস্তায় বেরোতে পারবো? চারপাশ তো ডুবে যাবে। অনেক ঘোরাঘুরি দৌড়াদৌড়ি করেও, কেউ এই সমস্যার সমাধান করতে পারে নি। তাই, আজকাল কুনো ব্যাঙ হয়েই, ঘরে ভালো থাকার চেষ্টা করি। আর ভাবি, তুমি সময়ে এলেও মিষ্টি , অসময়ে এলেও ভারি মিষ্টি।

বর্ষাকাব্য

তোমাতে নেই আর ভরসা ,
কোথা থেকে তুমি এলে বরষা ?
মাঝরাতে নেমে এলো সহসা -
সকালেই শুরু হবে বচসা ।

ঘরেরই কোনে অভিমানে
বসে আছি আনমনে -
তাকিয়ে আছি পথের পানে ,
রাস্তা বুঝি ভাসে বানে ।

ঘরে বসে দিন যাবে বলো কার ?
কি করে যে হবে এর প্রতিকার ?
সকলেরই পথে নামা দরকার ,
উত্তর পাবে না তো কারো আর ।

ঘরে বসেই ভালো থাকো ,
গলা ছেড়ে যারে ডাকো -
দেবে না সাড়া যতই হাঁকো ,
এ ভাবে দিন গুনতে থাকো ।

তুমি আমি এভবেই চলবো -
কুনো ব্যাঙ হয়ে ঘরে মরবো ।
আমি একা ভালো হয়ে থাকবো ,
কখনো না মুখে কিছু বলবো ।

অসময়ে এলেও বৃষ্টি -
বলবে তবু লোকে মিষ্টি ।
তুমি মেঘের দারুন সৃষ্টি ,
তাই তোমাতে রাখে দৃষ্টি ।

১৮. গাজন

চৈত্রমাস এলেই আমাদের বেলডাঙ্গায় গাজনের ধুমধাম শুরু হয়। সংক্রান্তির দিন সাতেক আগে বাবা মহাদেবের নামে লাল কাপড় পরে সন্ন্যাসী হয়। এই ক'দিন কঠোর সংযমের মধ্যে কাটায়। সংক্রান্তির আগের দিন মণ্ডপ তলাতেই (আমার পাড়া) মূল অনুষ্ঠান হয়। সেদিন সকালে গঙ্গাস্নান সেরে, ভক্তরা বাড়ি বাড়ি বাণেশ্বর নিয়ে ঘোরে। গৃহস্থরা বাবার আশীর্বাদী শান্তি জল ঘর বাড়িতে ছড়িয়ে দেয়। বিকেলে প্রায় দোতলার মত উঁচু মঞ্চ থেকে " বললো – শিব, মহাদেব " বলে বাবাকে স্মরণ করে নীচে বঁটির উপর ঝাঁপ দেয়। এর নাম ঝাঁপবাণ। চৈত্রসেলের সাথে মেলাও বসে বেলডাঙ্গা জুড়ে। মুর্শিদাবাদের প্রাচীন ঐতিহ্য বুলান গানের আসরও বসে এখানে। ছোটবেলায় এ সব নিয়ে মনেও বেশ গাজনের বাজনা বাজত। সন্ন্যাসীদের মতোই হেঁকে উঠতাম " বললো – শিব, মহাদেব " বলে। কলকাতা শহরে চৈত্রমাসের গাজন পর্বে শোনা যায় - " জয় বাবা, তারকনাথের চরণে সেবা লাগে " । ছোট বেলার স্মৃতি মনে করে তাই, বাবা মহেশ্বরের একটু গুনগান করলাম।

গাজন

বললো – শিব, মহাদেব -

ভোলেবাবা তুমি হে,
শিব বাবা তুমি হে,
শিব শিব শঙ্করা -
ভোলেবাবা মহেশ্বরা।

শিব হে, শিব হে, শিব হে,
শিব, শিব, শিব হে।

ছাইভস্ম গায়ে মেখে,
আসছেন বাবা কৈলাশ থেকে -
পরে আছেন বাঘের ছাল,
চক্ষু দুটি বড়ই লাল।
কানে গোঁজা ধুতরা ফুল,
হাতে তাঁর মস্ত ত্রিশূল।

শিব হে, শিব হে, শিব হে,
শিব, শিব, শিব হে।

মা গঙ্গাকে বেঁধে জটায় ,
চাঁদ মামাকে মাথায় লুকায় ,
নন্দী ভৃঙ্গী আছেন সবাই -
দেখে ভারী তাক লেগে যায় ।
গৌরী মা'যে আছেন কোথায় -
ভিড়ের মাঝে দেখা না পাই ।

শিব হে, শিব হে, শিব হে ,
শিব, শিব, শিব হে ।

হে নটরাজ, এতদিন কোথায় ছিলে ?
এই ধরাধাম কেমন ভুলে গেলে ?
এবার বলো, আছো কেমন ?
মর্ত্যে কেন হটাৎ গমন ?
নাচবে নাকি প্রলয় নাচন ?
হোক শুরু আজ শিবের গাজন ।

শিব হে, শিব হে, শিব হে ,
শিব, শিব, শিব হে ।

বাবা নীলকণ্ঠ, হয়েছো কি রুষ্ট ?
বলো বাবা কিসে তুমি, হবে আজি তুষ্ট।
যত বিষ, যত পাপ ,
দানবের হাঁকডাক ,
তোমার নাচে ধুয়ে যাক -
আছে যত কাদা পাঁক।

শিব হে, শিব হে, শিব হে ,
শিব, শিব, শিব হে।

হে ওমকার, আনো সত্য সুন্দর ,
শান্তি আলোয়, ভারো সবার অন্তর।
কৈলাস ছেড়ে এবার তুমি
মর্ত্যে বানাও দেব ভূমি ,
তুমিই আদি অভিরাম
নেমে এসো ধরাধাম।

শিব হে, শিব হে, শিব হে ,
শিব, শিব, শিব হে।
বললো – শিব, মহাদেব –
জয় বাবা তারকনাথের চরণে সেবা লাগে।

১৯. জ্যামভারি

দমদম স্টেশন - অফিস টাইম - সারি সারি টিকিট কাউন্টার - আর সেখানে লম্বা লম্বা লাইন। পিল পিল করছে মানুষের মাথা। সকলের ব্যস্ততা। এই ভিড়ের মধ্যে ছুটতে গিয়ে একজন ব্যাগ হাতে পড়ে গেলেন। মাঝ বয়সী ভদ্রলোক। আশ্চর্য লাগলো, কেউ তাকে তোলার জন্য এগিয়ে এলো না। পারলে তাঁর বুকের ওপর দিয়েই সবাই চলে যায়। আমি হাত বাড়িয়েও তুলতে পারলাম না। একজন কম বয়সী ছেলে এসে সাহায্য করায়, তিনি উঠতে পারলেন। ছেলেটিকে সে সময় আমার দেবদূত মনে হচ্ছিলো। আচ্ছা , আমরা সত্যই কি মানুষ! ট্রেনে ভিড়ের মধ্যে গলায় ওড়না পেঁচিয়ে মানুষ মারা যায়, আমরা নীরবে দেখি। ভিড়ে নামতে, উঠতে গিয়ে হাত, পা ভাঙ্গা তো নিত্য দিনের ঘটনা হয়ে গেছে। এটাই জীবনের ধারাপাত। দেবদূতের সাহায্যের ভরসাতেই আমাদের রাস্তায় নামতে হয়।

জ্যামভারি

রাস্তায় জ্যামভারি
ট্রেনে বাসে লড়ালড়ি
প্রতিদিন প্রাণ হাতে চলছি -

পড়ে গেলে তুলবে না ,
ফিরে কেউ দেখবে না -
জীবনের ধারাপাত বলছি ।

দ্যাখো, সব ছুটছে -
কি জানি, কি লুটছে ?
চোখে দেখে বোঝা ভারি শক্ত ।

সকলের তাড়া আছে ,
দেরি হলে বকে পাছে -
এরা সব কার যেন ভক্ত ।

অফিসের সব বাবু
ঘেমে নেয়ে হয়ে কাবু ,
হাঁফ ছেড়ে এ সি ঘরে বসবে ।

আমরা যে দিদিমণি ,
মানি, আর নাই মানি -
সিলিংয়ের ফ্যান শুধু জুটবে ।

পেলে ব্যারাকপুর ,
নৈহাটী শান্তিপুর ,
ব্যাগ সব সামলে দাঁড়াবে ।

না পেলে সব গেলো -
অটো বসে ঝুলে চলো ,
ভোগান্তি কপালে যে জুটবে ।

উঠতে হুড়োহুড়ি ,
লেগে যায় মারামারি ,
পড়ে গিয়ে ভেঙেছে পা-খানা ।

তাড়াতাড়ি নামতে -
কি করে যে গলাতে,
পেঁচিয়েছে মস্ত ওড়না ।

এভাবেই কাল কাটে -
ঘড়ি থামে না মোটে ,
জনরোষ বাড়ে শুধু রাস্তায় ।

এত লোক যায় কাজে ,
শুধু খাবারের খোঁজে -
কতখানি নিয়ে ফেরে সন্ধ্যায় ?

তবুও জীবন হায় ,
তুমি বড় অসহায় ,
উপরের ভরসায় চলবে ।

সে ছাড়া যে কেহ নাই ,
মনে রেখো সদা তাই -
সে এসেই হাত ধরে তুলবে ।

২০. প্রশ্ন

দেবতার কাছে আমার অনেক প্রশ্ন আছে। সে সব প্রশ্নের উত্তর একমাত্র তিনিই দিতে পারবেন। ঈশ্বরের প্রতি আমার প্রচুর অভিমান। সব প্রশ্নের সঠিক উত্তর পেলে এই অভিমানও দূর হবে। সে কারণেই, আমি খুব তাড়াতাড়ি তাঁর কাছে পৌঁছতে চাই।

প্রশ্ন

দেবতা ও দেবতা ,
দেবতা ও দেবতা ।

যাবো আমি তোমার কাছে -
আমার অনেক প্রশ্ন আছে ।

দেবতা ও দেবতা ,
দেবতা ও দেবতা ।

তোমার দেওয়া এই যে জীবন
বলতো সাজাবো কেমন ?
শুধু যদি দুঃখ দেবে -
সুখ আর পাবো কবে ?
জীবনের নেই ভরসা -
আছে শুধু হা হুতাশা ।
উত্তর কোনো নেইতো কাছে ,
আমার অনেক প্রশ্ন আছে -
আমার অনেক প্রশ্ন আছে ।

দেবতা ও দেবতা ,
দেবতা ও দেবতা ।

এত বছর কাটিয়ে দিলাম -
ভেবে না পাই কি করিলাম ?
মনে যা জমিয়ে ছিলাম
হারিয়ে তা একই রইলাম।
সবার তুমি রাখো খেয়াল ,
তবে কেন, আমার এ হাল ?
তোমায় যে বলে, বলুক মিছে
আমার অনেক প্রশ্ন আছে -
আমার অনেক প্রশ্ন আছে ।

দেবতা ও দেবতা ,
দেবতা ও দেবতা ।

এত যে প্রশ্ন আমার -
উত্তর কি জানা তোমার ?
আমায় নিয়ে কি'যে করি -
তোমার ওপর রেগেই মরি।
তবু , আজও আমি ভরসা রাখি ,
তুমি আমার সবের সাথী ।
তাই যাবো তোমার কাছে ,
আমার অনেক প্রশ্ন আছে -
আমার অনেক প্রশ্ন আছে ।

দেবতা ও দেবতা ,
দেবতা ও দেবতা ।

২১. দেবকন্যা

আমার বোনের জীবনের একমাত্র স্বপ্ন ছিলো গুছিয়ে সংসার করা। সুন্দর করে সংসার সাজাবে বলেই সে পৃথিবীতে এসেছিল। হয়ত ভগবানের কাছে সে বায়না ধরেই নেমেছিল। তাই ভগবান তার সংসারের সাধ তাড়াতাড়ি মিটিয়ে, নিজের কাছে ফিরিয়ে নিয়েছেন। এত কম সময় সে থাকল, তার জন্য কোনোদিন কিছু করতেই পারলাম না। আসলে সে তো দেবকন্যা। আমাদের দেওয়া কোন জিনিসের তার প্রয়োজন নেই। সবই তার দেবলোকে আছে। পৃথিবীর জ্বালা, যন্ত্রণা, দুঃখ ত্যাগ করে, দেবকন্যা দেবলোকে পরমপিতার কাছে আনন্দে থাকুক। আমাদের জীবনে খাওয়া দাওয়া, আনন্দ সবই আছে, তবে কোথাও একটা শূণ্যতা সর্বদা মনকে ধাক্কা দেয়। আর কিছুদিন পর ওপারে গিয়ে নিশ্চয় তার দেখা পাবো। আবার একসাথে থাকতে পারবো আমরা, সেই আশাতেই বুক বেঁধে আনন্দ করি।

দেবকন্যা

দেবকন্যা, বায়না ধরে নামলো পৃথিবীতে -
গল্প এবার শুরু হবে তারই জীবনীতে ।
জন্মনিল রবিবারে জৈষ্ঠ্যের শেষদিনে ,
বাড়ির লোকে রূপ দেখে তার ধন্য ধন্য মানে ।

মেজো মেয়ে হয়েও সে আসলে বড় ছিল ,
চুপচাপ স্বভাবের বাসতো লোকে ভালো ।
বাবা, মা সকলের সে অতি বাধ্য ,
মনের ইচ্ছে তার বোঝে কার সাধ্য ?

রাগ হলেও রাগে না, দুঃখেও ভাঙে না ,
মনের এত শক্তি তার,কেউ তো বোঝে না ।
বড় বড় চোখ মেলে, শুধু হেসে যায় -
সে হাসির অর্থ, বোঝে না কেউ হায় ।

সকলের কথা মেনে গেল শ্বশুর ঘরে -
বিধির বিধানে ছিল বিদায় চিরতরে ।
সেদিন দু'চোখে তার ভরে এলো জল ,
ভাবেনি সাগর হয়ে ভাসাবে ধরাতল ।

এরপর কোলে পেল সন্তান উপহার ,
তাকে নিয়ে হেসে খেলে দিন কাটে তার ।
স্বপ্ন যত ছিল মনে সব জমানো ,
ভেবেছিলো ছেলে তার করবেই পূর্ণ ।

কোন এক দুঃখে মনে ছিলো কষ্ট ,
মুখ ফুটে কোনোদিন বলেনি তা স্পষ্ট ।
কষ্টের সে পাথর শরীরে বাসা নিল -
যন্ত্রণা সব তার হাসিতে ঢেকেছিল ।

মেয়ের এই দুঃখে শিব বাবা ব্যাথা পায় ,
মা ভবতারিণী, সাথে নিয়ে যেতে চায় ।
বুক ভরা অভিমানে, চলে গেল সব ছেড়ে -
ফিরে গেল আপনার চেনা নিজঘরে ।

মা বাবার ঘরে সে থাকবে শান্তিতে -
পৃথিবীর কোন দুখ, পারবে না ব্যাথা দিতে ।
সন্তান যাকে সে পেয়েছিলো উপহার ,
ওপর থেকেই সর্বদা রাখবে খেয়াল তার ।

ভগবান ভালোদের রাখে না বেশিদিন ,
তাড়াতাড়ি মিটে যায় পৃথিবীর সব ঋণ ।
দেবকন্যার ফিরে যাওয়া, দেয় এক শিক্ষা ।
ভালো হয়ে মুখ বুঁজে, নেবে না কারো ভিক্ষা ।

ভগবান দিয়েছিল, তাকেও সব শক্তি ,
প্রয়োজন ছিল না, কাউকে দেখানোর ভক্তি ।
ভালো হয়ে সৎ পথে, লড়ে নেবে অধিকার ,
লোকের করুণা পাবার নেই কোন দরকার ।

তুমি তো জানোই না, তোমার ক্ষমতা কত ,
মন্দরা তোমার কাছে, করবেই মাথা নত ।
সেই জোরে চলবে, ওঠাবে জীবন পাল ,
বেয়ে চলার শক্তি, জোগাবেন মহাকাল ।

তবে, তুমি চাইলেই পারবে না থাকতে ,
ভগবানের বিধিলিপি, কেউ পারে খন্ডাতে ?
চোখের জল, দুঃখ, ব্যাথা সরিয়ে রাখো দূরে -
সবাই মিলে ওপরেতে মিলবো ক'দিন পরে ।

দেবকন্যার মিটলো আশা এসে পৃথিবীতে ,
নটে গাছ মুড়িয়ে গেল শেষ কাহিনীতে ।

২২. ভালোবাসা

প্রীতিদি বলেছিলেন, ' ভালোবাসা ' নিয়ে লেখো। দেশ , কাল , সমাজ সংসারের পরিবর্তনের সাথে সাথে ভালোবাসা শব্দটারও অন্তর্নিহিত অর্থের পরিবর্তন হয়েছে। মানুষ ভালোবাসার টানে অনেক অসাধ্য সাধন করতে পারে। সে ভালোবাসা, আক্ষরিক অর্থে অন্তরের টান। আজকাল মানুষের অন্তর নামক স্থানটি, অন্তরে অবস্থান করে না, বাইরে অবস্থান করে, আর চতুর্দিকে ঘুরে বেড়ায়। এক জায়গায় সে আর স্থির থাকতে পারে না। তাহলে কিসের প্রতি তার ভালোবাসা জন্মাবে? তার স্থায়িত্বই বা কতদিনের? এ ভালোবাসায় কখনো অন্তরের টান থাকতে পারে না। ভালোবাসার অভিনয় করেই জীবন কাটাতে হয়। পুরোটায় নকল ভালোবাসা। এই নকল ভালোবাসা দিয়েই চলছে আমাদের আধুনিক যুগ। তারই সামান্য রূপের বর্ণনা লিখতে চেষ্টা করলাম।

ভালোবাসা

ভালো করে বাসা কেবা
মনের ঘরে বাঁধতে পারে?
ভালোবাসা বলে তারে ,
ভালোবাসা বলে তারে ।

এ বাসা বাঁধা হলে
মন কভু না ভাঙ্‌তে পারে ,
ভালো করে গাঁথা হলে
মন সেখানেই আটকে পরে ।

ভালোবাসার বড়ই অভাব -
যে দিকেতেই যাবে তুমি ,
টুকরো হয়েই ছড়িয়ে থাকে
কেবল করে আমি, আমি ।

সব খানেতেই মন দিয়েছে
আলগা করে তার বাঁধন,
তাই তো সবাই ঘর ছাড়ছে -
নেই কোন আর সাধন পূজন ।

সবই এখন মেকি মায়া
নকল ভালোবাসা ,
ওপর ওপর মায়ার টানে -
দেখতে লাগে বেশ খাসা ।

একটু যদি তলিয়ে দেখো -
ফানুস হয়েই উড়বে চাওয়া ।
গাল ভরা সব মিষ্টি কথা ,
এক নিমিষেই দেবে হাওয়া ।

মনগড়া সব জারিজুরি ,
মিথ্যে নানান ভেলকি ,
মনে হবে দূর দেশেতে -
যাচ্ছো চড়ে পালকি ।

হটাৎ পড়বে বালির চড়ায়,
ধূ ধূ চারিধার -
কাউকে তখন পাবে নাকো ,
করবে যে উদ্ধার ।

বাবা মা ভাই বোন ,
কারোর প্রতিই নেই সে টান ,
আত্মীয় সব দূরে গেলো -
স্বামী স্ত্রীতেও চলছে ভান ।

সন্তান স্নেহ মায়া-দয়া ,
গাল ভরা সব কথার কথা ,
নিজে, নিজেই শ্রেয় হয়ে -
লোকের বুকে জাগায় ব্যাথা ।

ভালোবাসা হারিয়ে গেছে
মনের বাঁধন আলগা করে ,
বাঁধতে বাসা ভালো করে
ফিরবে কি আর মনের ঘরে ?

যুগের এই নকল হাওয়ায় -
নকল দেখি সব কিছুকে ,
ভালোবাসা খাঁটি হয়ে -
দূর করোতো সব মেকিকে ।

ভালোবাসা ফিরবে যখন ,
        দেখবে পাখি গাইছে -
দল বেঁধে সব ময়ূরেরা
        পেখম তুলে নাচছে ।

বাঁশির সুর আসবে কানে -
        ধরবে সে রাগ প্রেমের তানে ,
জগৎ জুড়ে ভাসবে সবাই
        প্রেম জোয়ারের বানে ।

২৩. চৈতন্য

একদিন গল্প করতে করতে ঘটে যাওয়া বিশেষ ঘটনা প্রসঙ্গে দিদিমণি বললেন - আমাদের কবে যে চৈতন্য হবে, কে জানে? এবার তুমি "চৈতন্য" নিয়ে লেখো। চৈতন্য মানেই শ্রী চৈতন্যদেব, চৈতন্য মানেই মনের চেতনা, চৈতন্য মানেই ঠাকুরের বাণী – " তোমাদের চৈতন্য হোক " । তাই এবার চৈতন্য ফেরাতে চেষ্টা করলাম।

চৈতন্য

চৈতন্যের উদয় হলো
নবদ্বীপের এই ধামে -
কোথায় তিনি হারিয়ে গেলেন ,
রহস্যতেই গেল থেমে ।

হারিয়ে গেলেও রেখে গেলেন
প্রেমের জয়গান ,
চৈতন্য ফিরুক সবার -
বাড়ুক দেশের মান ।

জাতপাত আর ধনী-গরীব
দূর হলো না আজো ,
দ্বন্দ্ব জাতির বেড়েই চলে
সূত্র কোথায় ? খোঁজো ।

চৈতন্যের প্রেম জোয়ারে -
যায়নি ধুয়ে সব কিছু ,
কাঁটা হয়ে গলায় গেঁথে
সমাজটারে করছে নিচু ।

আনতে চেতন সবার মনে
রামকৃষ্ণ দিলেন বাণী -
"তোমাদের চৈতন্যের উদয়" হোক
একথা তো সবাই জানি।

ঠাকুর তুমি দেখছো নাকি ?
আজও দেশের একি হাল ,
ধূর্তেরা সব ফন্দী এঁটে
দিচ্ছে নতুন দাবার চাল।

মানুষের মান আজকে দ্যাখো -
কোথায় গিয়ে থামছে -
মান, হুঁশ সবই যে আজ ,
নীচের দিকে নামছে।

সেই যে চেতন হারিয়ে সবাই -
চৈতন্যকে ঢাকলো ,
তাই বুঝি সে মনের কোনে
আড়াল হয়েই থাকলো।

ঠাকুর তুমি জাগো এবার ,
প্রকাশ ঘটাও চৈতন্যের -
নইলে আঁধার কাটবে না যে ;
আসবে না দিন আনন্দের ।

সৎ চেতনা আসুক ফিরে
এই বাংলার ঘরে ঘরে -
সেদিন গাইবেন শ্রী চৈতন্য
দু'হাত তুলে হরে হরে ।

২৪. দিদি

আমার জন্ম ২২শে বৈশাখ। যেদিন থেকে জেনেছি জ্যোতিদাদার জন্ম ২২শে বৈশাখ, আর রবীন্দ্রনাথের জন্ম ২৫শে বৈশাখ, সেদিন থেকে নিজেকে কল্পনায় রবিঠাকুরের দিদি বানিয়ে নিয়েছি। সাল যাই হোক, দিন হিসেবে তিন দিনের বড় আমি। এ আমার কল্পনার জগতের এক মজার ভাবনা।

দিদি

কল্পনাকে পাখনা দিয়ে
উড়ে গেলাম যেদিন ,
তোমার দিদি কবি আমি
সেজেছিলাম সেদিন ।
তাইতো তোমার দিদিরা যে
সংখ্যায় পাঁচ নয় ,
আমায় যোগ হতে দিলে
দাঁড়ায় তবে ছয় ।

সৌদামিনী, সুকুমারী
শরৎ, স্বর্ণ, বর্ণদি
পাখনা মেলেই হাজির হবো
আমি কুমারী পর্ণাদি ।
সব শেষেতে ঢুকবো সেথায় -
পেলে সবার সম্মতি ।

আমি ঘরে এসেছিলাম
২২ শে বৈশাখ ,
২৫শে তে তুমি এলে
বাজলো শতেক শাঁখ ।
সাল নয়, তারিখেতে
তিন দিনের বড় ,
ভাববে সবাই পাগলী মেয়ে
চিন্তা কেমন তরো ?

বৈশাখেরই ২২ শে
জন্ম জ্যোতিদাদার ,
কোন ফাঁকে সে দিন চলে যায়
খোঁজ থাকে না আর ।
কত গুণের মানুষ তিনি
কোথায় হিসেব তার ?

তিন ভাইবোন আছে আমার
তাতেই আমি খুশী ,
বাইশ, পঁচিশ তারিখ দুটোই
মন টানলো বেশী ।
ঠাকুরবাড়ি জন্ম আমার
না হলে কি হবে ?
ঘোষবাড়িতে জন্ম নিলে -
দোষ কি বলো তবে ?

তবে, যেমন তেমন কবি -
হবো না তো আমি ,
আমি কি আর হতে পারি
তোমার মতো নামী ?
মনে সেজে তোমার দিদি
তাতেই হলাম দামী ।

আজো জোড়াসাঁকো পালে
তোমার জন্মদিন ,
জ্যোতিদাদার তা নিয়ে ক্ষোভ
নেই কোনোদিন ।
দিদি সেজে, কেবল আমি
মনে মনে ভাবি -
কোন ভেদ করবে নাকো ,
দু'জনেই যে কবি ।

জ্যোতিতেই রবির প্রকাশ
সারা পৃথিবীতে -
রবিতেই জ্যোতি থাকে
ভেদ নেই চিতে ।
গেয়ে যাও জয়গাঁথা
জ্যোতি-রবির হিতে ।

২৫. মাটির মানুষ

মাটির সাথে মিশে থাকে যে মানুষ, তারাই এই পৃথিবীর সত্যিকারের কারিগর। ওপর তালার মানুষেরা ওপর ওপর ভেসে থাকে। প্রয়োজনে তাদের দেখা মেলা ভার। আর, মাটির সাথে মিশে থাকা মানুষেরা সব সময় আমাদের হাতের নাগালেই আছে। তাদের ওপর ভর করেই তৈরী আমাদের রাজপথ, বড় বড় প্রাসাদ, আর ইমারত। তারাই আমাদের স্বপ্ন সত্যি করে তোলে। তাদের ভরসাতেই আমরা নতুন আশায় বুক বাঁধি। এসো আমরা তাদের নিয়েই নতুন পৃথিবী গড়ি।

মাটির মানুষ

ছুটছে, ছুটছে, ছুটছে
দ্যাখো ওরা ছুটছে -
উড়ছে, উড়ছে, উড়ছে
আকাশেতে উড়ছে ।

মাটির সাথে আছে যারা
কাদামাটি সাথে তারা ,
ওরাই তো মানুষ সেরা -
তবু কেন পায়ে বেড়া ?

ঘুরছে, ঘুরছে, ঘুরছে
ভাগ্যের চাকা ঘুরছে ।
সরছে, সরছে, সরছে
মাটি থেকেই সরছে ।

তাইতো সবই আলগা আগে ,
কাটছে বাঁধন আগে ভাগে ,
লুটতে হবে সবার আগে -
না পেয়ে সব ফুঁসছে রাগে ।

টলছে, টলছে, টলছে
পৃথিবীটাই টলছে ।
পড়ছে, পড়ছে, পড়ছে
নীচে নেমেই পড়ছে ।

উপর তলার মানুষগুলো
এবার গায়ে লাগবে ধুলো ,
কি উপায়ে বাঁচবে বলো ?
কাদা তোমায় মাখতে হলো ।

ভাগছে, ভাগছে, ভাগছে
শুনেই ওরা ভাগছে ,
জাগছে ,জাগছে ,জাগছে
নীচের মানুষ জাগছে ।

পালিয়ে বাঁচার পথ যে নাই,
সোজা পথেই নামো তাই ।
টাকার পাহাড় ভোলা চাই ,
দূর করো সব খাই খাই ।

লড়ছে ,লড়ছে ,লড়ছে
সবাই আজ লড়ছে -
গড়ছে ,গড়ছে ,গড়ছে ।
নতুন করে গড়ছে ।

এ দেশ আবার নতুন হবে ,

নতুন আশায় ঘর বাঁধবে ।

সবাই নতুন জীবন পাবে -

নতুন আলোয় বুক ভরাবে ।

২৬. স্বাধীনতা

স্বাধীনতার এত বছর পরে, স্বাধীনতা নিয়েই মনে নানান প্রশ্ন জাগে। স্বাধীনতা মানে কি শুধু ব্রিটিশের বিরুদ্ধে লড়াই ? নিজেরা নিজেদের শাসন করার ভার আদায় করা ? সেই দায়িত্বভার লাভ করার পরেও, আমরা কি আমাদের দেশে স্বাধীনভাবে মাথা উঁচু করে বাস করতে পারি ? তাহলে এ কেমন স্বাধীনতা আমরা লাভ করলাম ?

স্বাধীনতা

স্বাধীনতা তুমি কার ?
বলে দাও একবার ,
আজো কেন পরাধীন
আসবে কবে সুদিন ,
কবে দূর করবে, এ আঁধার তোমরা ?
সে আশায় বুক বাঁধি , বুক বাঁধি আমরা, আমরা ।

জন্মে দেখেছি পৃথিবীর যে আলো ,
তাতে আবছায়া পড়ে , ঝাপসা হয়ে গেলো ।
বাতাসেতে কেমনে প্রাণ ভরে নেবো শ্বাস ,
অক্সিজেন কমে গেছে , চারিধারে অবিশ্বাস ।

লেখাপড়া শিখছি ,
মোটামোটা ডিগ্রী ,
সবই হলো ধূলিসাৎ -
কেজিদরে বিক্রি ,
বিদেশেতে গিয়ে করি মোটা টাকা রোজগার ,
মা-বাবার কি যে হবে, নেই বোঝা দরকার , দরকার ।

চারিধারে অন্যায়, ভরে গেছে অবিচারে ,
সত্য যে ডুবে গেছে, মিথ্যার জেরবারে ।
মাথা উঁচু করলেই, চাপ এসে পড়বে -
ভার দিয়ে মাথা তারা, নীচু করে ছাড়বে ।

এর দায় কে নেবে ?
তুমি আমি কেউকেটা ,
বিচার তো জুটবে না -
আছে ভালো জানা সেটা ।
দ্যাখো টাকা উড়ছে, মুঠো মুঠো পুরবে -
যার থলি ভারি বেশী, সেলাম তার জুটবে, জুটবে ।

বাক স্বাধীনতা তুমি, চাইবে না কোনদিন ,
মুক্ত এ কারাগারে, পিষে পিষে হবে ক্ষীণ ।
ইচ্ছে করছে, যাবে বৃদ্ধাশ্রম ?
সেখানেও মোটা টাকা, লাগে পরিশ্রম ।

ভাবছো বনবাসে
যাবে তুমি এইবার -
কোথা জঙ্গল?
প্রাণ, ফ্লাটেতেই জেরবার।
নেই আর গাছপালা, বুনোফুলের দোলা ,
কংক্রিট যন্ত্রে, কান করে ঝালাপালা, ঝালাপালা ।

বনবাসে তাহলে, আর যাওয়া হলো না ,
উপায় কি বলো দেখি, কিছুই কি মিলবে না ?
এর নাম স্বাধীনতা, স্বাধীন দেশে বাস,
জীবনের প্রতি পলে ফেলে দীর্ঘশ্বাস ।

যুগকলির এটাই কি
পরিণতি চিত্র ?
ধ্বংসের ছবি ভাসে
সারাদিন রাত্র ।
এর থেকে বেরোবার, উপায় কি জানা কারো ?
তাহলে যে বাঁচে প্রাণ, হাজারো, হাজারো, হাজারো ।

২৭. বন্ধু

এখনকার ছেলেমেয়েরা বন্ধু বলতে বোঝে, মোবাইল। শয়নে, স্বপনে, জাগরণে, সুখ-দুঃখ, ভালোবাসা সব কিছুতে, মোবাইল - ই তাদের একমাত্র সঙ্গী । আমাদের বন্ধুরা কোথায় সব হারিয়ে গেলো। হাত বাড়িয়ে থাকি, বন্ধুর সঙ্গে হাত মেলানোর জন্য। বুকে জড়িয়ে ধরে, গলা ছেড়ে গান গাইবো বলে, আজও তাদের খুঁজে বেড়াই।

বন্ধু

বন্ধু বলে কেউ কি আছে ?
এদের কাছে বন্ধু মিছে ,
বন্ধু নিয়ে কি-ই বা হবে ?
বলবো যদি আসিস কাছে ,
একা একা ঘরে বসে
বন্ধু তোদের হারিয়ে গেছে ।

মুঠো ফোনেই যত কথা -
কান্না, হাসি ব্যাকুলতা ,
সবখানেতেই সঙ্গী সে যে ;
তাকে ঘিরেই আকুলতা ,
আর কিছুতেই নাইকো মন ,
ফোনকে ঘিরেই প্রগল্‌ভতা।

একটা সময় ছিলো যখন ,
সকাল, বিকেল যেতাম চলে -
বন্ধু মিলে পাড়ার মাঠে
চু-কিত্‌কিত্‌ খেলবো বলে।
বন্ধু প্রিয় সবার চেয়ে -
আজও ধরি জড়িয়ে গলে।

ছিলো কত সই পাতানো -
গঙ্গাজল আর বিউটিফুল ,
জেনারেশন গ্যাপেই সে সব
আজ হয়েছে চক্ষুশুল।
বন্ধু কথা শুনলে বলে -
ও সব নাকি মস্ত ভুল ।

ওরা এখন ফ্রেন্ড রিকুয়েস্ট
দেয় পাঠিয়ে মোবাইলে,
হলে একসেপ্ট বন্ধু হলো ,
কি এসে যায় না করিলে ?
আছে ফলোয়ার্স কয়েক হাজার
এরা তাদের বন্ধু বলে।

আমরা এখন ব্যাক লিস্টেড ,
তবু প্রাণের বন্ধু খুঁজি ,
কত বন্ধু হারিয়ে গেলো -
ফুরোচ্ছে আজ বন্ধু পুঁজি।
হারিয়ে বন্ধু আয়না কাছে -
হাত বাড়িয়ে সোজাসুজি।

২৮. ভবিষ্যৎ

সময় চলছে, দিন ফুরোচ্ছে , সামনে নতুন দিন এগিয়ে আসছে। কিন্তু চলার পথ ক্রমশঃ অন্ধকার হয়ে যাচ্ছে। ভবিষ্যৎ প্রজন্মকে, আমরা কি আলোর পথের ঠিকানা দিয়ে যেতে পারবো ?

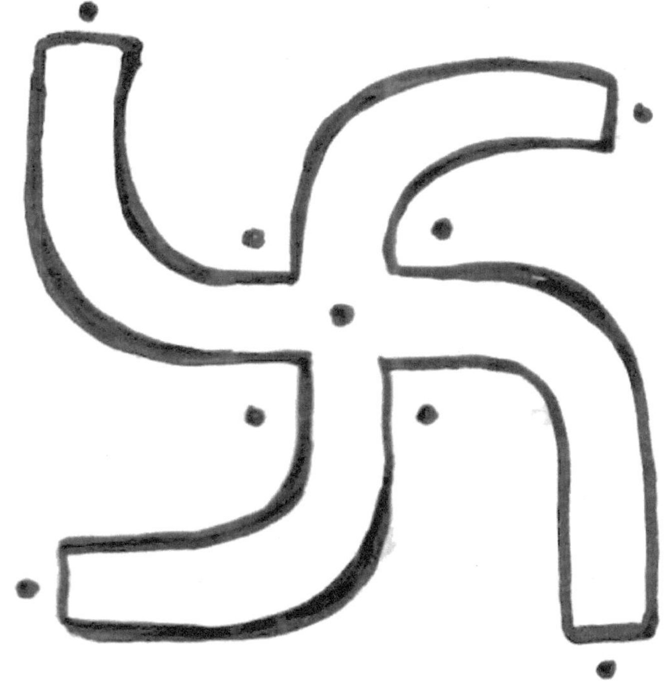

ভবিষ্যৎ

সময়তো চলছে ,চলছে ,চলছে -
দিন তো ফুরিয়ে আসছে,আসছে ।

চলে গেলো যেইদিন, সেইদিন ভালো ছিলো -
সামনের দিনগুলো লাগে বেজায় কালো ।

কি যে দিন আসছে -
কেউ তা জানি না ,
এইটুকু জানি শুধু,
মান্যতা পাই না ।
ভাইয়ে ভাইয়ে লাঠালাঠি
মনে ভয় কি যে হবে ?
যদু বংশের মতো -
নিজেরাই শেষ তবে ?

শান্তির বাক্য খোঁজে অভিসন্ধি -
দালাল ধান্দাবাজ আঁটে শুধু ফন্দী ।

এর থেকে আমাদের
নেই কারো নিস্তার -
দিনে দিনে ঘটবে যে
কত এর বিস্তার ।
শিক্ষা সদুপদেশ
সব মুখ ঢাকছে ,
কু শিক্ষার গ্যাসে
হাত তারা সেঁকছে ।

শিশুরা তো বাড়ছে , সামনে কি দেখবে ?
মাথা তুলে বাঁচবার, উপায় কি শিখবে ?

পৃথিবীকে আমরাই
শেষ করে দিচ্ছি ,
বাঁচার অঙ্গীকার
ধুয়ে মুছে ফেলছি ।
চারিদিকে হাহাকার -
আলো চাই, আলো চাই ।
ফিরে এসো জরথ্রুস্ট
আলোর নিশানা পাই ।

দিন শেষ হচ্ছে, চাই না আঁধার নামুক ,
তুমি আলো নিয়ে এসো, প্রাণটা তাতে বাঁচুক ।

জগতের শেষ কথা
তুমি, আমি, শান্তি,
দূর করে দাও তবে
মনের এই ক্লান্তি ।
রাত শেষে আলো ফোটে
জাগে যে ভোরের পাখি ,
মনের – ই কালিমা ধুয়ে -
মেলো তো সবাই আঁখি ।

সময় তো চলছে, চলছে, চলছে -
দিন তো ফুরিয়ে আসছে , আসছে ।

২৯. গণতন্ত্র

আমরা স্বাধীন দেশের নাগরিক। রাজা নির্বাচনের ক্ষমতা আমাদের হাতে। সে নির্বাচনে আমাদেরই প্রাণ যায়। আমাদের হাত ধরে যিনি রাজা হলেন, তাঁকে মাটিতে নামানোর ক্ষমতাও আমরা রাখি। মোটা ভাত, মোটা কাপড়ের সঙ্গে আমরা শিক্ষা চাই, কাজ চাই, প্রাণে শান্তি চাই, মনের আরাম চাই। কিন্তু সে সব আজ হারিয়ে যাচ্ছে। কোনো এক যাদুবলে আমরা রাজার পিছু পিছু ঘুরছি। কিন্তু কেন ? এর কোন উত্তর নেই। তাই ভাবছি, হিংসা ভুলে, শান্তির বেশ আমরা ধারণ করতে পারবো তো কোনোদিন ?

গণতন্ত্র

ভোট আসে বারে বারে ,
অকাতরে প্রাণ মরে ,
অধিকার পেতে হাতে ,
প্রাণ তো হবেই দিতে ।

মানুষের প্রাণগুলো ,
কি করে সস্তা হলো ?
বাজারের সবজি দেশী -
এর চেয়ে মূল্য বেশী ।

কি ভাবে যে প্রাণ ঝরে ,
দেয় প্রাণ কার তরে ?
হাতে পেয়ে কটা টাকা -
মায়ের কোল হলো ফাঁকা ।

নিজেকে বুঝতে শেখো ,
চারিধারে চোখ রাখো -
পাও তুমি কত দাম ?
তার তরে এই কাম ?

তুমি যে মালিকের -
বড় কারিগর ,
কাজ না করলে -
উল্টাবে তাঁর ঘর ।

মনে রেখো তুমি তাঁর
জিয়নের কাঠি -
তুমি ভাঙলে তাঁর,
প্রাণটায় মাটি ।

তবে তুমি কেন হবে
তুরুপের তাস ?
তোমাতেই ভর করে
মেটাবেন আশ ।

জগতের ভার যে
তোমাদেরই হাতে -
ধরো রাজদণ্ড
ভয় কি সে এতে ?

শিক্ষা , কাজ আর ,
বাঁচাবার দাবী -
জীবনে আমাদের
এই টুকু সব-ই ।

মোটা কাপড় , মোটা ভাত
মিলে যাবে তাতে ,
এর চেয়ে বেশী কিছু
চাই নাতো ফ্রিতে ।

আমরা যে সাধারণ
অতি দীনহীন
তবে কেন আমাদের
করবে বিলীন ?

তোমার দরবারে
আমরাই সব ,
তবুও তো রোজ শুনি।
প্রাণ গেলো রব ।

প্রাণের মূল্য রাজা
কবে তুমি বুঝবে ?
ক্ষমতা তোমার হাতে -
তোমাকেই দুষবে ।

পাশে থেকে সৎ পথে
যদি করো কাজ -
জনগণ তোমাকেই
তুলে দেবে রাজ ।

এ যে গণতন্ত্র ,
মানুষের অধিকার -
ভুল ত্রুটি সব কিছু
শোধনের দরকার ।

রক্ত ঝরার দিন ,
হোক আজ শেষ ,
হিংসা পরুক তবে -
শান্তির বেশ ।

৩০. গরম

যত দিন যাচ্ছে, গরম ক্রমশ বাড়ছে। সূর্যের তাপ প্রখর থেকে প্রখরতর হচ্ছে। বরফ গলে সমুদ্রের জলস্তরের সীমা বাড়ছে। ভূপ্রকৃতির আদল বদলাচ্ছে। একি পৃথিবী ধ্বংসের কোন ইঙ্গিত ?

গরম

বৃষ্টি পড়ে টাপুর টুপুর
কানায় ভরে নদী পুকুর ।

তবু গরম কমে না ,
গায়ের ঘাম শুকায় না ,
প্রাণে আরাম লাগে না ,
কাজে যে মন বসে না ।
হায় -

মনের ভিতর টানছে হাঁপড় ,
বুকে আমার ধরাই ফাঁপড় -

গরমে প্রাণ আনচান ,
ও দিকেতে ডাকছে বান ।
শ্রাবণ মাসের বাদল গান ,
তাল কেটে হয় বেসুরো তান ।
হায় –

দ্যাখো কেমন গরম জবর ,
আরাম পাবার নাইকো খবর ।

সূর্যের তাপ বাড়ছে ক্রমে ,
বরফ গলে জল যে জমে ,
এতদিন সব ছিলো থেমে ,
হড়কা বানে আসলো নেমে ।
হায় -

সব যে গেলো জ্বলে পুড়ে ,
বানভাসিতেও গেল মরে ।

সমুদ্দুরের জলস্তর ,
যাচ্ছে বেড়ে তরতর -
মনে আমার লাগে ডর ,
প্রাণ বাঁচানো বড়ই দর ।
হায় -

যুগের এ কি ধ্বংস কাল ?
তাই সবেতেই উল্টো চাল ।

নিয়ম সবই হচ্ছে বদল ,
ভূপ্রকৃতির নতুন আদল ,
ভাবতে গেলে হবে পাগল ,
ভাব বুঝে তাই দেবে আগল ।
হায় -

৩১. জীবন-কথা

দু'জনে ঘর বেঁধে, একসাথে থেকে, একধরনের জীবন কথা তৈরী হয়। আবার দু'জনে দুইধারে থেকেও অন্যধরণের জীবন কথা তৈরী হয়। দুটোতেই সুখ-দুঃখ, হাসি-কান্না, পাওয়া না পাওয়ার হিসেব-নিকেশ, মান -অভিমানের গল্প থাকে। আসল সত্যিটা হল - সততা, বিশ্বাস, ভালোবাসা, নির্ভরশীলতা, পরস্পরের প্রতি শ্রদ্ধা থাকলে, জগতের সব বাধা-বিপত্তি তুড়ি মেরে উড়িয়ে দেওয়া যায়। আর এর কোনোটাই না থাকলে, ভাগ্যকে মেনে নিয়ে, নিজের কাজের মধ্যে ডুবে থাকাই শ্রেয়।

অপর্ণা ঘোষ

জীবন-কথা

এ জীবন তোমার আমার ,
নেই কোন রঙের বাহার,
কোন এক জাদুর ছোঁয়ায় ,
দিন গড়িয়ে বছর ফুরায় ।

দু'জনে দুই দিকেতে -
কাজেতে আছি মেতে ,
বছরে দেখা দু' তিন বার ,
চাইলেও দেখা মেলা ভার ।

এ করেই কাটিয়ে দিলাম
করে দিয়ে জীবন নিলাম ।
কি আছে শেষ দিনেতে,
পারি না আর ভাবতে ।

আশায় আশায় বছর কাটে ,
ভালো আর লাগে না মোটে ।
এ জীবনের হিসেব-নিকেশ -
কি করে হবে বা শেষ ?

দু চোখেতে স্বপ্ন দেখি,
সে বুঝি কেবল ফাঁকি।
জীবনের সত্যিটা কি?
কারো জানা আছে তা কি?

বুকে ভরে আশার আলো,
তাড়াতে চাই সকল কালো,
মাঝে মাঝেই পিছলে পড়ি
থাকলে কাছে হাতটা ধরি।

সবার জীবন হয় না সোজা,
কেউ ফাঁকিতেই হয় যে রাজা।
কেউ বা বোঝা বয়েই গেল -
হাত পেতে কেউ সবই পেলো।

এসব নিয়ে ভাবি না আর,
চেষ্টা করি ব্যস্ত থাকার।
কাজ ফুরোলেই জীবন শেষ,
কাজে মেতেই আছি বেশ।

ফাঁকিতে মিলবে যেটা ,
বেশীদিন থাকবে না তা ।
ঝরাও যদি মাথার ঘাম ,
জীবন তোমায় দেবেই দাম ।

শোনায় মনকে নীতি কাব্য ,
গুরুর বাক্য সুখ-শ্রাব্য ,
শুনে মন শান্ত যে হয় ,
মনে আর থাকে না ভয় ।

জানিনা দিন আসবে কবে -
সকল আশা পূর্ণ হবে ।
তুমিই মনে জাগাও আশা ,
তাইতো এত ভালোবাসা ।

হারতে হারতে জিততে পারি ,
সব বাধাকে মেরে তুড়ি ।
যদিও থাকি দু'দিকেতে -
তবুও বাঁধা একসাথেতে ।

৩২. বেলা শেষের গান

জীবনের শেষ দিনগুলি বড় কঠিন। মানুষ যতদিন কাজ করতে পারে, অর্থাৎ সক্ষম থাকে, ততদিন তাঁর জীবনের মূল্য আছে। কাজ ফুরিয়ে অক্ষম হয়ে গেলেই, একাকীত্বের যন্ত্রণা জীবনকে পাগল করে দেয়। শ্রবণশক্তি কমে আসে, চোখের দৃষ্টি ঝাপসা হয়ে যায়, দিন রাতের পার্থক্য আর অনুভূতিতে আসে না। তবু ঘরবাড়ি, পরিবারের লোকেদের প্রতি মায়ার টান থেকেই যায়। মোহন রূপের দর্শন পেলেই এ টান ছিন্ন হবে। তার জন্যই এই কষ্টকাতর প্রতীক্ষা, বেলাশেষের গান থামানোর অপেক্ষা।

বেলা শেষের গান

কাজ ফুরিয়ে আজ একা ,
ছেলেমেয়ে থেকেও একা ,
বড় একা , ভীষণ একা -
মন যে আমার লাগে ফাঁকা ।

আজ আমি হয়েছি একা ,
দ্যাখো আমি হয়েছি একা ।

এ যে একাকীত্ব -
লাগে ভারী তিক্ত ।
মুক্তির উপায় তো নাই
বড় আঁধার লাগে যে তাই ।

বের করো কোন উপায় -
চলো সেইখানে যাই ,
চলো সেইখানেতে যাই ।

ফুরিয়েছে আজ শক্তি ,
সবাই তবু দেখায় ভক্তি ,
মনে আমার নেই শান্তি,
শরীরেও বড় ক্লান্তি ।

আজ আমি হয়েছি একা ,
দ্যাখো আমি হয়েছি একা ।

সবার আসবে এইদিন ,
বুঝবে সেদিন কত কঠিন ।
কিছু আর করার নাই -
সব ফেলে যেতে চাই ।

দিন রাত সব একই ,
সবই আবছায়া দেখি ,
সবই আবছায়া আজ দেখি ।

মন বুঝিয়ে ভেঙেই পড়ি ,
জিতবো ভেবে হেরেই ফিরি ,
পারিনা তো নিজের সামাল ,
ভুল করে সব বাধায় ধামাল ।

আজ আমি হয়েছি একা ,
দ্যাখো আমি হয়েছি একা ।

ঘর পরিবারের মায়া ,
এসব নিয়ে মন বেহায়া ।
ভোলালেও আসে ফিরে ,
ত্যাগ দিয়েও মনে পড়ে ।

দিন সব যাচ্ছে সরে -
সেদিন আর কত পরে ?
সেদিন আসবে কত পরে ?

শুনে শেষের এই কাহিনী ,
কষ্ট পাবে সব সোহিনী ।
নতুন করে আর বাঁচা নয় ,
আবার ফিরে আসবো না হয় ।

আজ আমি হয়েছি একা ,
দ্যাখো আমি হয়েছি একা ।

সবার আছে কাজের ভার -
কে দেবে সময় আর ?
তাই তুমি এসো এবার,
সময় কি হয়নি যাবার ?

দেখে মোহন রূপ তোমার -
চুপ করাবো জীবন আমার ,
চুপ করাবো জীবন আমার ।।

৩৩. শিক্ষার লাজ

শিক্ষা দান করে বা শিক্ষা লাভ করে, যদি মানুষের জীবনের কোন পরিবর্তন না ঘটে, সৎপথে চলতে না শেখে, স্বাবলম্বী হতে না শেখে, তাহলে সেই লজ্জাটা কার ? যে শিক্ষা লাভ করা তার ? না যিনি শিক্ষা দান করেন তাঁর ? নাকি, শিক্ষা নামক অতি মূল্যবান শব্দটার। শিক্ষাদানকারী বা শিক্ষাগ্রহণকারী কেউই বোধহয় এর দায়ভার নিতে রাজী নয়। তাহলে "শিক্ষা" নামক শব্দটার ওপরেই যাবতীয় দ্বায়িত্বভার বর্তায়। কিন্তু এই নীরব, নির্ভেজাল শব্দটার ওপর, সমস্ত দ্বায়িত্ব চাপিয়ে, আমাদের এই প্রোথিতযশা শিক্ষিত সমাজ কি চুপ করে বসে থাকতে পারে ?

শিক্ষার লাজ

আগে আগে চলে মেয়ে সাদা ফিতে, জামা গায়ে ,
স্কুলের ব্যাগ মা বয়ে চলে ।
ভালো স্কুলে ভর্তি করে গর্বে মন ওঠে ভ'রে ,
মায়ের শূণ্যতা দূর হবে বলে ।
মেয়ে যেন ভালো খায় লুচি, রোল বানায় তাই -
রুটি মেয়ে পছন্দ করে না ।
স্যান্ডউইচ ভালোবাসে, চিকেন স্যালাড থাকবে পাশে ,
ফল মেয়ে ভালো খায় না ।
স্কুলে দিয়ে যায় কাজে বাবা বেরিয়েছে ছ'টা বাজে -
কিছুই পড়ে না তাদের পেটে ,
মেয়ে ভালো খেয়ে-পড়ে যেটুকু থাকবে পরে ,
খাবে তাই সারাদিন খেটে ।
মা ভাবে মেয়ে তার লেখাপড়া শেখার পর -
পাবে ভালো মাইনের চাকরি ,
দূর হবে অনটন পেলে সুপাত্রের দর্শন ,
জামাই আনবে তাড়াতাড়ি ।
মেয়ে তার বড় হয় পড়াতে মন নাহি রয় ,
শুধু পোশাক , সাজের বাহার ।
মেয়ের ওই মুখের হাসি প্রাণের চেয়েও দামী বেশী ,
জোগাতে ছেড়েছে নিদ্রা আহার ।

বিদ্যাবতী মেয়ে তার মা বাবারে মানে না আর ,
পরিচয় দিতে লাজ লাগে ,
দুঃখে মায়ের মন ভার এ কেমন মেয়ে তার ?
লাল হয়ে ওঠে মুখ রাগে ।
কেমনতরো লেখাপড়া ! মা বাবারে দূর করা -
এ বিদ্যার জীবনে কি দাম ?
সৎ অসৎ , ন্যায় নীতি সব কিছুর ঘটেছে ইতি ,
জোটাতে পারবে ভালো কাম ?
মানুষের কারিগর কি গড়ো দিনভর ?
মেয়েতো মানুষ হলো না ।
লেখাপড়া শেষ করে জগৎকে চিনবে লড়ে
এর বেশী চাহিদা তো ছিলো না ।
কি উপায় এখন বলো মানুষ, মুনিষ সবই গেলো -
মুক্তির দেবে কেউ মন্ত্রণা ?
না খেয়ে , না পরে মেয়েকে মানুষ করে ,
ঘরে আজ এতো যন্ত্রণা ?
কি যে ভুল করেছি লেখাপড়া শিখিয়েছি ,
ভালো ছিলো কাজেতেই দেওয়া ,

ওর শিক্ষার পিছনেতে দিয়েছি সব খোলা হাতে -
হারিয়েছি সব চাওয়া পাওয়া ।
চাকরি যে দরকারী সরকারি , বেসরকারী
তাই প্রয়োজন লেখাপড়া ।
তাতে মূল্যবোধ হারিয়ে যাবে মনুষ্যত্বও দূর হবে ,
জীবনের এত ওঠা-পড়া ?
ফিরিয়ে দাও সেই মেয়ে রাতে শুয়ে গলা জড়িয়ে ,
গল্প শোনে রূপকথার -
বাবা মেয়ের খুনসুটি হেসে করে লুটোপুটি ,
সব হারিয়ে জীবন অন্ধকার ।
আয় আবার বুকে ফিরে আমার ছোট্ট সোনা ওরে
এ যে শিক্ষার অভিশাপ ,
ভালো দিক আছে কত বেছে নাও পারো যত -
দূর হোক যত সব পাপ ।

৩৪. সুখ

সুখ মানুষের বড় আশ্চর্য অনুভূতি। আশ্চর্য বলছি এই কারণে- কিসে যে সুখ আছে, তা মানুষ নিজেই বলতে পারে না। কেউ প্রচুর অর্থ, ঐশ্বর্য্য, রাজপ্রাসাদে সুখ অনুভব করে, কারো আবার এগুলো অশান্তির কারণ হয়। কেউ পথের ধারে গাছতলায় জীবন কাটিয়ে ভগবানকে দোষারোপ করে, কেউ সেখানেই আনন্দে সুখে বাস করে। সুখ যে কখন, কার কাছে, কি রূপে ধরা দেবে, তা কেউ বলতে পারে না। তবে একথা সত্য - জ্ঞাতসারে বা অজ্ঞাতসারে, জীবনে যা কিছু ভালো জিনিস তুমি লাভ করেছো, তার সবটুকু যদি মন থেকে দান করে যেতে পারো, তবে তার চেয়ে বেশী সুখ কেউ কখনো পাবে না।

সুখ

প্রাসাদ থেকে বেরিয়ে এসে জনপথে নামলো শেষে
কোথা গেলে সুখ খুঁজে পাবে ,
কোন কিছু না ভেবে সোজা পথ ধরেই যাবে -
দেখা যাক ভাগ্যে কিবা হবে ।
রাজকন্যা হাঁটছে কেন ? এ কেমন খেয়াল যেন ,
ভারী মজা লাগছে সবার ।
কেউ ভয়ে থাকছে দূরে বিস্ময়ে চোখ বড় করে -
ইচ্ছে আসল খবর জানার ।
হাঁটতে হাঁটতে রাজকুমারী খিদে তৃষ্ণা পেয়ে ভারী -
থামলো এসে গাছের নীচে ,
দ্যাখে এক বুড়োবুড়ি গল্প নিয়ে ঝুড়ি ঝুড়ি
খোসমেজাজে আছে ।
তপ্ত দুপুর গাছের ছায়ায় খিদে তৃষ্ণা হেলায় হারায়
হাসি গল্পে ভরিয়ে নিয়ে বুক ,
কিবা সুখে দিন কাটে যায়না বোঝা দেখে মোটে
কোন মন্ত্রে ছিনিয়েছে সুখ ?
রাজকুমারী শুধোয় তাদের কোন দুঃখ নেই তোমাদের ?
আমাতেই দুঃখ কেবল থাকে ,
ভরিয়ে রাখে সেবায় দাসী খাবার কত রাশি রাশি ,
যত্নের ত্রুটি নাহি রাখে ।

তবু মনে নেই শান্তি   হাসিতেও আসে ক্লান্তি
বিষাদ ঘিরে থাকে রাজপুরীতে ,
কি যে আমার হয় নি পাওয়া ,   আছে আমার অনেক চাওয়া -
রাজপ্রাসাদ পারবে না মেটাতে ।
তোমাদের কাছে এসে   সুখ - ছবি ওঠে ভেসে
দুঃখ মনে নাহি পরে ,
কোথায় আমি যাবো তবে   মনের ইচ্ছা পূর্ণ হবে -
দুহাতে সুখ নেব ভ'রে ।
কথা শুনে হেসে মরে   এ মেয়ে বলে কি'রে ?
সুখ নেবে হাত ভ'রে ?
ওরে মা, বলি তবে -   সুখ খুঁজে কিবা হবে ?
মন থেকে মোছো ওরে।
সন্তান , ঘর-বাড়ি   সুখ ভেবে ভুল করি -
পেয়েছি অনেক কষ্ট দু'জনে -
গাছতলে নিয়ে ঠাঁই   চাওয়া পাওয়া কিছু নাই
বেশ আছি দুই সুজনে ।
ঘুরে ঘুরে জীবন শেষে   এ শিক্ষা লভিনু এসে -
কষ্ট জীবনে করতেই হবে ,
কোন কষ্ট না করে   ফাঁকি দিয়ে সব সেরে
সুখটাই বৃথা মরে যাবে ।

যে কেবল নিজেকে দ্যাখে চারপাশ ফাঁকা রাখে -
স্বার্থই বড় যেখানে,
সব নিয়ে সাজিয়ে জীবন ভরতে সুখ যাবে যখন
দুঃখই জুটবে শুধু সেখানে।
পেয়েছো জীবনে যতখানি , দিতে হবে ততখানি -
তবেই সুখের হাসি হাসবে ,
সবার মাঝে নিজেকে রেখে , দুঃখ-সুখে পাশে থেকে ,
দেখবে আনন্দে মন ভাসবে ।
রাজকুমারী নিজেকে দ্যাখে , তাকিয়ে থাকে অবাক চোখে -
এ শিক্ষা পাইনি তো এতদিন !
ছোট থেকেই শিখেছি পেতে , কখনো আমাই হয়নি দিতে ,
তাই মোর মন এত ক্ষীণ ।
কি শিক্ষা দিলে মাগো সারাজীবন সঙ্গে লবো
দুঃখের ছায়া দেবো সরিয়ে ,
আজ থেকে সবার হয়ে মিলে মিশে খেয়ে দেয়ে -
বাঁচবো সুখেতে প্রাণ ভরিয়ে ।

৩৫. অসুর নিধন

সন্তানদের নিরাপত্তা দিতে অসুর নিধনে মাকে পৃথিবীতে নামতেই হয়। নানান ছদ্মবেশে পৃথিবীর যে প্রান্তেই অসুরেরা থাকুক না কেন, মায়ের ত্রিনয়ন তাদের খুঁজে বের করবেই। সবসময়, সময়ে তাঁর আসা হয় না। তবে সন্তান বিপদে পড়লে, অসময়েও ছুটে আসেন মা সন্তানদের বাঁচাতে। প্রকৃতি তাঁর জন্য সর্বদাই প্রস্তুত থাকে। শরতের প্যাচপ্যাচে গরমেও শিউলি ফুলের সুবাস পাওয়া যায়। রাশি রাশি কাশের সারি, সাদা চাদর বিছিয়ে রাখে, মায়ের চরণ স্পর্শ করবে বলে।

অসুর নিধন

এসেছে শরৎ ,
হিমের পরশ ,
কোথা সে গেল সরে -
শুধুই গরম ,
হারিয়ে শরম ,
গাছের পাতাও নাহি নড়ে ।
বাপরে বাপ ,
কী ভীষন চাপ !
জীবন যাচ্ছে শুকিয়ে ,
ষড়যন্ত্র
নানান মন্ত্র
দিচ্ছে যে সব ভুলিয়ে ।
শুধুই খারাপ ,
মিথ্যে প্রলাপ ,
চারিদিক রসাতলে -
মন্দের ক্ষমতা ,
দেখায় সমতা -
করে নিয়ে মুঠিতলে ।

হয়ে মডার্ন ,
দেখলে ফ্যাশান ,
ভেতর আসলে জং এ ভরা ,
পিটিয়ে পিটিয়ে -
জং ঝরিয়ে ,
লোহা কি পড়বে ধরা ?
ফুটছে শিউলি ,
পদ্মের কলি ,
দুলছে কাশের ঝালর ,
সুখ নেই মা'গো ,
এবার তুমি জাগো ,
জ্বলুক প্রদীপ আলোর ।
পুজোয় ঢাকি
তাতেও ফাঁকি ,
মাইকেতে বাজে ঢাক ।
উলুধ্বনি ,
কাঁসর শুনি ,
সব ডিজিটালের তাক ।

অসুরের দল
দেখায় যে বল -
তা আসলে মিথ্যে ফাঁপা ,
মা দুগ্গা ,
ত্রিশূলের ডগা -
বিঁধিয়ে তাদের করবে রফা ।
ধরো ছদ্মবেশ ,
পরো রঙিন ড্রেস ,
অসুর ধরা পড়বেই ,
মায়ের ত্রিনয়ন
ঘোরে সর্বক্ষণ -
শাস্তি তোমার জুটবেই ।
কার ইশারায় ?
জীবন হারায় ,
ভয়ে কাটে রাত দিন ,
মা'গো তুমি
এসো নামি
অসুর নিধনে বাজাও বীণ ।

৩৬. ইচ্ছা-মৃত্যু

এ পৃথিবীতে ভীষ্মেরই বোধহয় একমাত্র ইচ্ছা-মৃত্যু ছিল। এ বর সার্বজনীন হলে, পৃথিবীর গতিই বোধহয় স্তব্ধ হয়ে যাবে। তবে একটা সময়ের পরে, প্রয়োজনে মানুষ কি এই বর পেতে পারে না? তাহলে সে দ্রুত মুক্তিলাভ করে, সমাজ সংসারকেও মুক্তি দিয়ে যেতে পারে। কিন্তু জীবনের মুক্তিলাভের দ্রুততা, তা বোধহয় সম্ভব নয়। জন্ম-মৃত্যু তাঁর ইচ্ছাধীন। তিনি চাইলে তবেই আসা, তিনি ফিরে যাবার নির্দেশ দিলে, তবেই ফিরে যাওয়া। দুটোতেই আনন্দ আছে। তাই সৃষ্টিকর্তা সকলের জন্য একই নিয়ম বরাদ্দ করেছেন।

ইচ্ছা-মৃত্যু

অনেকটা পথ এসেছি পেড়িয়ে,
রাত্রি নেমেছে দিন গড়িয়ে -
সোজা হেঁটে আর
পথ চলা ভার ,
কি করে হবো পার ?
কাঁপছে দু'পা পড়ছি লুটিয়ে ।

আমি শুয়ে একাকী ,
শুধু যে তোমারে ডাকি -
আর কত দূর ?
সেই সুদূরপুর,
বাজে শান্তির সুর -
মুক্তির আনন্দে ওরে পাখি ।

ফেলেছি হারিয়ে সব স্মৃতি ,
মনেতে নেই কোনো প্রীতি ।
হয়েছি একঘোরে ,
সবাই থাকে দূরে ,
বিরক্ত করি সবারে -
এসব দেখছো তো ভবভূতি ?

কেন রয়েছো নীরব তবে ?
খুশী হবে কোন স্তবে ?
জানিনা মন্ত্র , গান ,
ধ্যানেতেও নেই টান ,
সঁপিতে চাই প্রাণ -
কি ভাবে যাবো , বলো তো কবে ?

ইচ্ছা-মৃত্যু ছিলো ভীষ্মের ,
সে সব তো দ্বাপরের ,
একালে মিলবে সাজা ,
মৃত্যু পথ খোঁজা ?
আইনের হাতে গোঁজা ,
সন্ধান দাও নতুন পালের ।

তোমায় খুঁজি বন্ধ চোখে ,
আলো আঁধারে মিশে থাকে ।
স্পষ্ট হয় না তা ,
ক্ষীণ আলোর ছ 'টা ,
মিলিয়ে যায় কোথা -
পেলাম না দেখা তাঁকে ।

শুনেছি তুমি শান্ত জ্যোতি ,
অপরূপ আলোর দ্যুতি ।
কবে পাবো দ্যাখা -
অনেক হলো থাকা ,
তাই এত ডাকা ,
মায়া কাটিয়ে চাই মুক্তি ।

আমার পথের যারা যাত্রী -
ইচ্ছা-মৃত্যু দাও ধাত্রী ।
বড়ো প্রয়োজন ,
কষ্টে, পর-আপন ,
লবো শান্তি শয়ন -
কোলেতে নাও ওগো মাতৃ ।

৩৭. সিদ্ধিলাভ

মনের মধ্যে আমাদের কত যে ইচ্ছে জমা হয়ে আছে , তা সব পূরণ করতে পারলে, সত্যিই খুব আনন্দ হতো। কিন্তু তা হবার নয়। কারো কি, ইচ্ছেপূরণ মন্ত্র জানা আছে ? সেই মন্ত্র যদি রোজ পাঠ করি, হনুমান চালীসা পড়ি, শাক্ত মন্ত্র জপি, তাহলে কি কাজ হবে ? হটাৎ মনের মধ্যে উদয় হল – " কাজ করে যাও "। যে পরম পিতামাতার কল্যাণে আমরা পৃথিবীতে এসেছি, তাঁদের হাতেই তো আছে আমাদের দায়িত্বভার। তাঁদের কাছে মনের কথা জানালে, নিশ্চয় তাঁরা তা পূর্ণ করবেন। তবে আমাদের নিষ্ঠা সহকারে কাজ করে যেতে হবে। কেবল মন্ত্র জপে, ফাঁকি দিয়ে কোন উদ্দেশ্য সিদ্ধ হবে না।

সিদ্ধিলাভ

ইচ্ছেপূরণ মন্ত্র জানো ?
শেখাও তো আমায় -
দেখি , কি কাজ হয় ?
অপূর্ণ সাধ থাকবে না কোনো ।

শ্রীকৃষ্ণের মন্ত্র জপি,
ঘুম থেকে উঠে -
মনের চিত্রপটে ,
এঁকে নিয়ে তাঁরে , সঁপি ।

আছেন বজরং বলী ,
তাঁরও চালীসা পড়ি ,
সদ্যই শুরু করি ,
মেটাবেন সাধ শক্তিশালী ।

আরো কত শাক্ত মন্ত্র ,
করেছি কণ্ঠস্থ ,
বিধানেও অভ্যস্থ ,
নানান ইচ্ছেপূরণ তন্ত্র ।

হটাৎ মনেতে হলো উদয় -
যত কাজ পারো ,
করে যাও আরো -
কিসের এত লাগে ভয় ?

আমিই তোমার মাতা-পিতা ,
দিয়েছি তোমায় শিক্ষা ,
সৎ থাকার দীক্ষা ,
তাতেই মিলবে মনের মিতা ।

আমি বিধাতার সন্তান ,
পাঠিয়েছেন ভবে -
চিন্তাও তাঁদের তবে ,
মিছে চিন্তায় হই খান ।

প্রাণ দিয়েছেন যখন ,
মনের সাধ যা -
মেটাবেন তা ,
কি ভাবে মিলবে , বুঝবে তখন ।

মনে জমা আশা সবার -
বিশ্বাসে ভর করে ,
নিষ্ঠা বাড়াও ওরে ,
সিদ্ধিলাভ হবেই তোমার ।

৩৮. উপদেশ

মহাপুরুষের বাক্য, সর্বদা স্মরণ করে আমাদের পথ চলা উচিত। তাঁরা তাঁদের জীবন দিয়ে যে অভিজ্ঞতা অর্জন করেছেন, সেই অভিজ্ঞতার ফসল হিসেবে এই নীতিবাক্য। তার মূল্য আছে বই কি। আজ তাঁদেরই কিছু উপদেশ স্মরণ করি। দেখা যাক সেই উপদেশ জীবনকে কতখানি মধুময় করে তোলে।

উপদেশ

যদি করো অন্যায় কাক পক্ষী টের না পায়
জানবে ওপরে আছেন একজন ।
সব হিসেব তাঁর কাছে গুনে গুনে রাখা আছে ,
সুদে আসলে বাড়ছে ওজন ।
মানুষ খুনেও সাজা না পায় দেখিয়ে নানা অসৎ উপায় ,
হাসি মুখে সুখে করে ঘর ,
হটাৎ মাথায় বজ্রাঘাত রাস্তায় চিৎ পাত ,
সরে গেল সব আপন পর ।
অন্যায় করে বাঁচলে বিপদের বেড়াজালে
কিভাবে নিজেই ধরা দেবে ,
নিজেই নিজের অজান্তে , দাঁড়াবে ফাঁসীর প্রান্তে ,
দণ্ডের ভার মাথা পেতে নেবে ।
জীবনে যা কিছু করবে তাঁরে স্মরণ নিয়ে চলবে -
কখনো বিপথগামী হবে না ,
দেখাবেন সোজাপথ পেতেও পারো পুষ্পরথ ,
আশীর্বাদী হাত সরবে না ।

ভগবান আজও আছেন তিনিও মানুষ খোঁজেন ,
কে তাঁরে সঁপিতেছে প্রাণ ,
সত্যিকারের ভালোবেসে যে তাঁরে রাখবে পাশে
অন্তর্যামী , তাঁরে দেখা দেন ।
চালাকীর ছদ্মবেশ চিরতরে করো শেষ ,
সৎ মানুষের বেশ ধরো ,
দেখবে কেটে গেছে দিন রাতের আঁধারে হবে না মলিন
জীবন তোমার হবেই মধুরতর ।

৩৯. চাঁদের দেশ

ছোটবেলা থেকে সবার সঙ্গেই চাঁদের ভারী ভাব। রাত্রিবেলায় তার শান্ত স্নিগ্ধ আলো মনকে অজানা দূরের দেশে টেনে নিয়ে যায়। মায়াবী জ্যোৎস্নায় বাচ্চা থেকে বুড়ো সকলেই পাগল হয়ে ওঠে। সকলেই পাড়ি দিতে চায় চাঁদমামার দেশে। সে দেশ কি সত্যই চন্দ্রদেবতার বাসভূমি ? তার মাটি কেমন ? শোনা যায় চাঁদের দেশে বাতাস বহে না। অক্সিজেনও নেই। তাহলে মানুষ বাস করত কি ভাবে সেখানে ? জলের চিহ্ন আছে কোথাও ? তাহলেই বোঝা যাবে প্রাণের অস্তিত্ব সেখানে কোনোকালে ছিলো কিনা। এসব খবর সংগ্রহ করতেই পৃথিবী থেকে বিক্রম গেছে চাঁদের দেশে। দেখা যাক সে পৃথিবীর মানুষের জন্য কি কি খবর সংগ্রহ করতে পারে। তার যাত্রা শুভ হোক, সফল হয়ে ফিরে আসুক আমাদের কাছে, এই কামনা করি।

চাঁদের দেশ

চাঁদের দেশে পাড়ি দিল, লয়ে চন্দ্রযান ,
আমাদের বিক্রম ।
তখন প্রভাত ছিলো বসে, আলো ফোটার আশে
বিক্রমে করিলো সম্ভ্রম ।
চারিদিক শুনশান, নেই কোন রব ,
বাতাস বহেনা এখানে ,
পড়াশোনা করে , গেছে সে সেখানে
সব নেবে চিনে ।
এখানে দেবতা চন্দ্রের বাস, আছে কি আজও ?
কি বলে প্রজ্ঞান ?
প্রতীক্ষাতে বসে থাকে, সূর্য উঠলে যদি ,
আলোয় ধরা দেন !
সূর্যকিরণে পাবে বল, শুরু হবে কাজ ,
তারি ভরসায় -
পৃথিবীতে মানুষ বসে, বিপুল উৎসাহে
নতুন খবরের আশায় ।
চন্দ্রমাটিতে বাসভূমি, কখনো কি ছিল ?
ছিল সংসার ?

রেখে গেছে কোথাও কিছু, মাটির আশপাশ -
ব্যবহার্য্য তার ?
জল নেই এখানে , প্রাণ সেখানে
কি ভাবে বাঁচবে ?
নিশ্বাসের অক্সিজেন, আছে কিনা তার
হদিশ মিলবে ?
ম্যাঙ্গানিজ, সালফার, হিলিয়ামের মতো
মিনারেলও আছে ,
গাছপালার খোঁজ নাও, জন্মেছিলো কিনা -
চাঁদের মাটির কাছে ।
চারিদিক নিঃচুপ, নিঃঝুম অতি ,
সবই শূণ্যতা -
সবকিছু জেনে এসেও, মানেনা যে মন ,
চাই সে পূর্ণতা ।
পৃথিবীর মতো চাঁদও, বাসযোগ্য হোক ,
পাখিরা বেড়াক উড়ে -
জল, বাতাস, আলোয় প্রাণ ভরুক এখানে ,
মানুষ আসুক ফিরে ।

৪০. আয় খুকু

খুকু, আমার বোন। অনেক দিন দেখিনি তোকে। কোন খবর নেই। কেমন আছিস তুই ? তোর কোঁকড়ানো একঢাল মাথাভর্তি চুলের যত্ন করিস তো ? যা কাজ পাগল মেয়ে তুই, নিজের খেয়াল কিছু রাখিস? পরের জন্য কাজ করা ভালো, কিন্তু নিজের দিকটাও তো দেখতে হবে। সব কাজ একা করে দিয়ে, তুই এমন কুঁড়ে বানিয়েছিস আমাদের, তা আর বলার নয়। তুই না থাকলে সামান্য কাজের কথাও ভাবতে পারি না। পুজো আসছে। বেলডাঙ্গার ঘরবাড়ি ঝেড়ে গুছিয়ে দিয়ে যা। আজও সব কিছুতে তোর দিকে তাকিয়ে থাকি। কবে আসবি তুই ? আমারও তো বয়স বাড়ছে। নিয়ে যেতে আসবি নিশ্চয়।

আয় খুকু

আমি দেখতে চাই তোকে ,
সেই হাসি চোখে মুখে ।
বড় চোখের পাতা মেলে -
কোঁকড়া চুল পিঠে ফেলে ,
বুকটা ওঠে ফেটে দুখে ।

মায়ের কোলে ফিরবি বোন ?
তোর মতো বড়ো মন -
দেখিনাতো আর কারো ,
এত ভালো হতে পারো !
আজও জুড়ে হৃদয় কোন ।

কোথায় আছিস? আয় তো চলে -
আসছে পুজো, তুই না এলে ,
বেলডাঙ্গার ঘরবাড়ি ,
রান্নাঘর , আলমারি ,
গুছাবি না? রাখবি ফেলে ?

কিভাবে দিন গড়িয়ে গেলে -
চোখের সামনে সবই দোলে ,
কার সাহস ভোলাক দেখি -
প্রাণের সাথে গেঁথে রাখি ,
চারটি কুঁড়ি একটি গাছের ডালে ।

সেই যে গেলি , যাসনি তো বলে ,
কে কখন পড়বে ঢলে -
সেকথা কেউ বলতে পারে ?
এপার , ওপারের দুরত্ব বাড়ে -
চোখ বুঝলেই আসিস চলে ।

থাক সেথায় ভালো হয়ে ,
আমারও বেলা এলো বয়ে -
এবার জাল গুটোতে হবে ,
কিছুই করা হলো না ভবে ,
দিন কেটে যায় বসে শুয়ে ।

কিছুই নেই আমার হাতে -
জগৎ চলে তাঁরই মতে।
তুই, আমি , বেবি , ভাই -
আজও একসাথে তাই ,
রয়েছি আমরা তাঁরই সাথে ।

যাবো যখন, আসবিতো নিতে ?
আমায় পথ চিনিয়ে দিতে ।
যখন যা কিছু হারাই আমি -
সবই খুঁজে আনতে তুমি ,
নিশ্চয় আসবে নিয়ে যেতে ।

৪১. ক্ষণিক

এ পৃথিবীতে সব কিছু ক্ষণস্থায়ী। যুগ যুগ ধরে স্থায়ীত্ব লাভ করে , এমন কিছু কি পৃথিবীতে আছে? স্থায়ীত্ব নেই জেনেও, সেই ছোটবেলা থেকে কত কিছুর সঙ্গে আমরা যে সম্পর্ক গড়ে তুলেছি , তার ঠিক নেই। মায়ার বাঁধনে জড়িয়ে জগতের সব কিছু দু হাত দিয়ে আগলে বসে আছি। কবে যে নিজের অজান্তে সে আগল খুলে বেরিয়ে পড়বো, নিজেই তা জানি না। যে পৃথিবীর সব কিছু ক্ষণস্থায়ী, সে নিজে কি চিরস্থায়ী ?

ক্ষণিক

স্থায়ী বলে জীবনে কোন কিছু হয় না ,
সব কিছু ছিলো , তবে বেশীদিন রয়না ।

ছোটবেলার সেই খাট ,
সেই গলি মাঠ - ঘাট ,
মাঠের পাশে চেনা স্কুল ,
সারি বাঁধা বটের ঝুল ,
ভাইবোনের খুনসুটি ,
কত হাসি লুটোপুটি -

সবই আজ মনে পড়ে , তবে রং তার ফিকে -
ফেরালেও সব কিছু , আর থাকবে না টিকে ।

এগিয়ে চলাই কাজ যে আমার ,
পড়ে থাকলো যা , সবই তোমার ।
নিজের বলে রেখোনা কিছু ,
ডাকবে সে যে তোমায় পিছু -
পিছন ফিরে আর নয় চাওয়া ,
এখন কেবল এগিয়ে যাওয়া ।

মানুষের জীবনে এত কেন চাওয়া ?
সবই এই জীবনের মিথ্যে পাওয়া ।

শুধু বলো চলতে হবে -
কোথায় গিয়ে থামবো তবে ?
এখন এপথ হয়েছে কঠিন ,
কি করে যে যাবে , এই কটা দিন ।
ক্ষণিকের এই চাওয়া পাওয়া -
মিটে গেলেই হবে যাওয়া ।

কত বলি ফিরবে না , স্মৃতি এবার তুমি যাও -
কিভাবে সব ভুলতে হবে , আমায় সেই শিক্ষা দাও ।

ফিরে আসে কত কথা -
আমার সব আত্মীয়তা ,
চাইলেও যায় না ভোলা ,
যত্ন করে আছে তোলা ।
জন্ম থেকেই জমছে স্মৃতি ,
সময় ভারে ঘটছে চ্যুতি ।

দুঃখ সুখে গড়া জীবন , আমার সাধের সংসার -
সময় তো হয়ে এলো , মাঝি , এবার করো পার ।

৪২. চিঠি

শ্রীচরণেষু দিদিমণি,

আজ থেকে আপনার নতুন ডেট অফ বার্থ ১১ই সেপ্টেম্বর , ২০২৩ সাল। একবছর আগেই আপনি কি করে জানতে পেরেছিলেন কে জানে ? সান্ত্বনাদি কি কানে কানে বলেছিলেন ? হবে বোধ হয়। আপনারা দু'জনেই এখন ভালো আছেন তো ? আনন্দে থাকুন ওখানে, আর দু'জনেই প্রাণ খুলে ঘুরে বেড়ান। আপনার সঙ্গে এপার ওপারের যে গল্প করতাম, কল্পনা শক্তিতে কত কিছু নামিয়ে আনতাম, তার সাথে সত্যিই ওপারের কি কোন মিল আছে ? আছে, কি নেই, সেটাও জানতে পারছি না ।

সেদিন পেয়াদা সেজে কতক্ষণ দাঁড়িয়েছিলাম। জোরে জোরে বললাম – " এবার রাজা থামনা দাদা " । রাজামশাই কোন পথ দিয়ে চলে গেলেন - দেখতেও পেলাম না, বুঝতেও পারলাম না। আমার সব কিছু দেখতে, শুনতে, জানতে ইচ্ছে করছে, দিদিমণি। কিন্তু মুশকিল হল -যাওয়ার ব্যাপারটা। ওপারের রাস্তাটা বড্ড দূর , এপার থেকে কোনোভাবেই ওপারে যাওয়া যাবে না। যোগাযোগের কোনো ব্যবস্থা নেই। তাই বাতাসেই উড়িয়ে দিলাম চিঠিটা। আমি জানি, ঠিক পৌঁছে যাবে।

অপর্ণা

অপর্ণা ঘোষ

চিঠি

গত বছর বলেছিলেন -
এটাই আমার শেষ দেওয়া ,
এ বছরেও পেলাম আমি ,
ওই হাতে আর হলোনা পাওয়া ।

ভবিষ্যতের হিসেবে - নিকেশ ,
কি করে সব ছিলো জানা ?
মা দুর্গাকেও সেই কারণে
তাড়াতাড়িতে আসতে মানা ?

এপার - ওপারের কল্প কথা
করতাম দু'জনেতে ,
গেলেন চলে ওপারেতে
মিলছে সে সব সেখানেতে ?

আমি বলতাম, শরীর মরে ,
আসলে আমরা থাকি সকলে -
ডাকলেই পাবে সাড়া
অনুভূতিতে আসবে চলে ।

এপার থেকে ডাকছি কত -
যাচ্ছে শোনা ওপারেতে ?
" শুভ রাত্রি " বলছি আমি ,
যাচ্ছেন কি শুনে শুতে ?

বাবু , সান্ত্বনাদি কবে গেছেন ,
ধরেছিলাম আপনাকে যে -
পেয়াদা সেজে দাঁড়িয়েছিলাম ,
তবু গেলেন কোন পথে সে ?

জোরে জোরে বলেছি কত -
" এবার রাজা থামনা দাদা "-
কোন কথায় পৌঁছলো না
চললেন রাজা , ব্যর্থ সাধা ।

বড় কষ্ট এপারেতে -
থাকুন সুখে ওখানেতে ,
মুক্ত হয়ে, স্বাধীনভাবে -
ঘুরে বেড়ান আনন্দেতে ।

শেষের কথা

"কথা সুরের কাব্য" র - সকল কবিতা পাঠকদের কেমন লাগলো , জানতে পারলে উপকৃত হবো। বেশ কিছু কবিতা সুরেও শোনা যাবে। সেগুলো শুনে মতামত দিলে - আমার যাত্রাপথের সূচনাপর্ব কেমন হলো , তার আভাস পাই। তা থেকেই আমার পরবর্তী পথ নির্ধারিত হবে।

আপনাদের আশীর্বাদপ্রার্থী

অপর্ণা ঘোষ

aparnarlekhoni@gmail.com

"কথা সুরের কাব্য" র কিছু গান

1. Lets Humanity Win

Amazon Music : https://music.amazon.in/albums/B0BYJZYTS5

Apple Music : http://itunes.apple.com/album/id/1677322873

iTunes : http://itunes.apple.com/album/id1677322873?ls=1&app=itunes

Spotify : https://open.spotify.com/track/5jXflganB9WM1mRG9KVb6w

YouTube Music : https://music.youtube.com/watch?v=BA4BE7cfsB4

2. Ekbar Surya Otha

Amazon Music : https://music.amazon.in/albums/B0CGPZV8YG

Apple Music : http://itunes.apple.com/album/id/1704552601

iTunes : http://itunes.apple.com/album/id1704552601?ls=1&app=itunes

Spotify : https://open.spotify.com/album/0mssJy2IeY3OGI9rjjHQsg

YouTube Music : https://music.youtube.com/watch?v=BDYvoPQSk3g

3. Rastai Jam Bhari

Amazon Music : https://music.amazon.in/albums/B0CGQ2RBFH

Apple Music : http://itunes.apple.com/album/id/1704552217

iTunes : http://itunes.apple.com/album/id1704552217?ls=1&app=itunes

Spotify : https://open.spotify.com/album/3vWSzBGo3WSMpvwCdvPjog

YouTube Music : https://music.youtube.com/watch?v=_ABfkQYaxz8

4. Uma Tui Asbi Kobe

Amazon Music : https://music.amazon.in/albums/B0C6S33MQQ

Apple Music : http://itunes.apple.com/album/id/1690486800

iTunes : http://itunes.apple.com/album/id1690486800?ls=1&app=itunes

Spotify : https://open.spotify.com/album/2nXjBUb4qDMyRDRGEnsFYo

YouTube Music : https://music.youtube.com/watch?v=aMVj-WynHj4

5. Online Online

Amazon Music : https://music.amazon.in/albums/B0C78HN73C

Apple Music : http://itunes.apple.com/album/id/1691300629

iTunes : http://itunes.apple.com/album/id1691300629?ls=1&app=itunes

Spotify : https://open.spotify.com/album/3jfD3wdnmdjXgqJI1d4xvS

YouTube Music : https://music.youtube.com/watch?v=PqWO10t0Dss

6. Tup Tup Tup Tup

Amazon Music : https://music.amazon.in/albums/B0C6L9J52W

Apple Music : http://itunes.apple.com/album/id/1690056447

iTunes : http://itunes.apple.com/album/id1690056447?ls=1&app=itunes

Spotify : https://open.spotify.com/album/6Xc1fBqXB6icEHa0pm0Dcb

YouTube Music : https://music.youtube.com/watch?v=u9-1IVW0O1M

7. Mon Tor Khola Rakh

Amazon Music : https://music.amazon.in/albums/B0C5N26YHD

Apple Music : http://itunes.apple.com/album/id/1688541026

iTunes : http://itunes.apple.com/album/id1688541026?ls=1&app=itunes

Spotify : https://open.spotify.com/album/3ezo6m6zc8x0ZqIsJsziWf

YouTube Music : https://music.youtube.com/watch?v=UfV8FVmkSOA``

www.ingramcontent.com/pod-product-compliance
Lightning Source LLC
LaVergne TN
LVHW041213150826
845673LV00001B/391

* 9 7 9 8 8 9 1 8 6 2 5 9 3 *